FIT FOR **GUITAR** by Michael **Morenga**

Technische Übungen

Finger-Fitness für die E-Gitarre

Bosworth Edition
part of The Music Sales Group

Titelseite: Grafische Gestaltung: Markus Jung, panta rhei
Gestaltung/Satz/Notation: Michael Morenga
Fotos: Sunny George
© 2002 Copyright by Bosworth GmbH, Cologne
Alle Rechte vorbehalten / All Rights Reserved

ISBN 3-936026-57-2
ISMN M-2016-3488-3

BOE 7081

**Elemente für
die Spieltechnik**

- Die **Greifhand**: Handhaltung, Fingerstellung auf den Saiten, Fingerposition im Bund.

- Die **Anschlagshand**: Plektrum-Haltung, Handhaltung (Seite 6).

- **Anschlagsarten**: Abwärts- und Aufwärtsschlag, die Wechselschlag-Technik (Seite 7).

Handhaltung auf dem Griffbrett

- Das **Handgelenk** ist **gerade**.

- Alle **4 Greifhandfinger** sind **in Ausgangsstellung
auf dem Griffbrett**.

Fingerstellung auf den Saiten

- Die **Fingerkuppen** stehen **fast senkrecht auf der Saite**.
Der **Zeigefinger** ist **etwas abgewinkelt**.

- Die **Finger bilden** einen **Halbkreis über** den **Saiten**.
Die **Handinnenfläche berührt das Griffbrett nicht**
(dies gilt für alle Lagen).

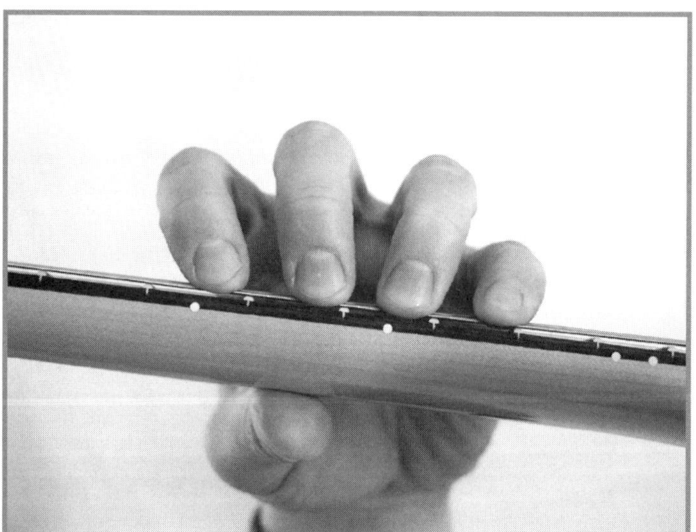

Daumenstellung

- Der **Daumen** liegt **auf dem Halsrücken**
etwa **auf der Höhe des Mittelfingers**.

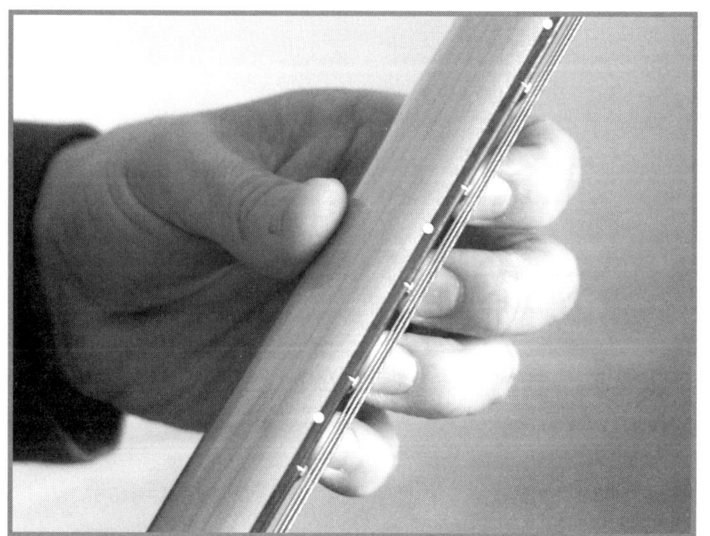

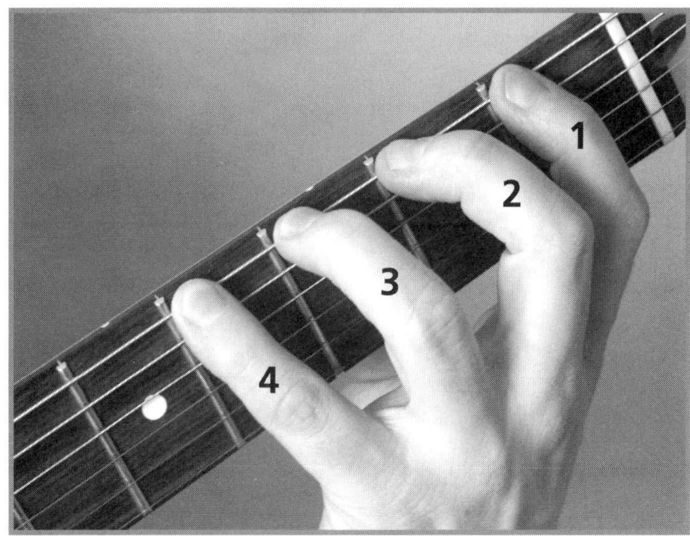

Fingerstellung im Bund

■ Die **Stellung der Greifhandfinger** auf dem Griffbrett ist **direkt oberhalb des Bundstäbchens**.

1 = Zeigefinger
2 = Mittelfinger
3 = Ringfinger
4 = kleiner Finger

Anpassung der Fingerposition im Bund

■ Die **Abstände der Finger** zueinander **passen sich an die unterschiedlichen Abstände der Bundstäbchen auf dem Griffbrett an**.

Fingerposition ab dem 15. Bund

■ Die **Finger** werden **zwischen den Bünden** so positioniert, dass sie **nicht auf den Bundstäbchen** stehen.

Die gezeigte Handhaltung stellt eine Empfehlung dar. Mit entscheidend für die Art der Handhaltung ist auch die physische Beschaffenheit (große/kleine Hand, Fingerlänge).

Grundsätzlich gilt:

■ **Bei Tonfolgen ruhen die anderen Finger unterhalb des gespielten Tons auf der Saite!**

■ **Der Daumen dient als Zentrierungspunkt der Greifhandfinger.**

Hinweise zur Greifhandhaltung

Plektrum-Haltung

- Das **Plektrum** liegt auf der Zeigefingerinnenseite.
  Die **Finger** sind **locker nach innen gewinkelt**.

- Der **Daumen** hält das **Plektrum** kurzgefasst mit
  leichtem Druck in seiner **Position**.

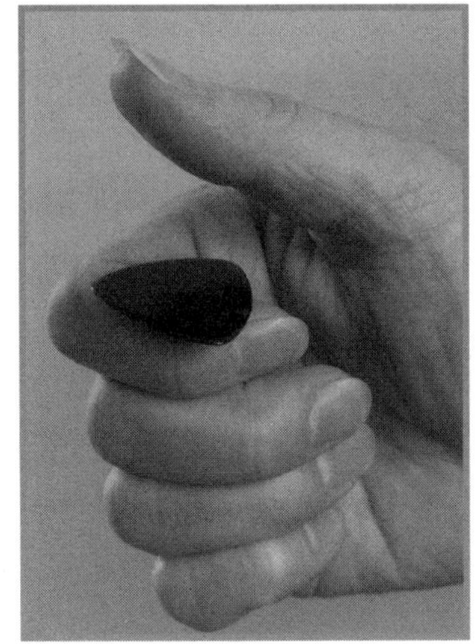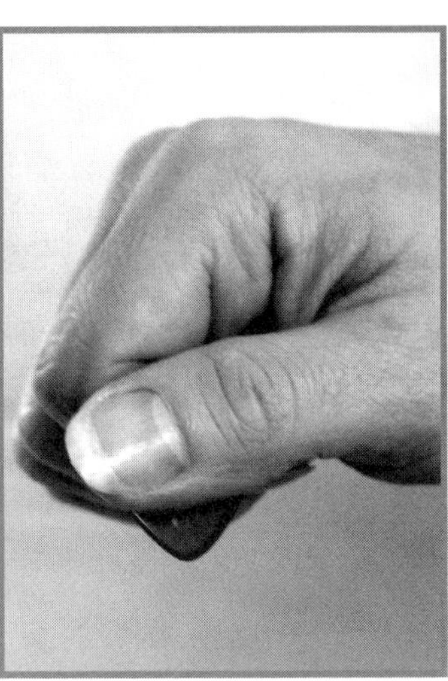

Handhaltung

- Die **Anschlagshand führt** beim normalen Spiel
  den **Plektrum-Anschlag nicht aufgestützt**,
  aber **nahe an den Saiten** aus.

Anschlagsbewegung

- Die **Anschlagsbewegung** erfolgt **aus dem Handgelenk**.
  Das **Handgelenk** bildet **in der Grundstellung
  eine gerade Linie mit** dem **Unterarm**.

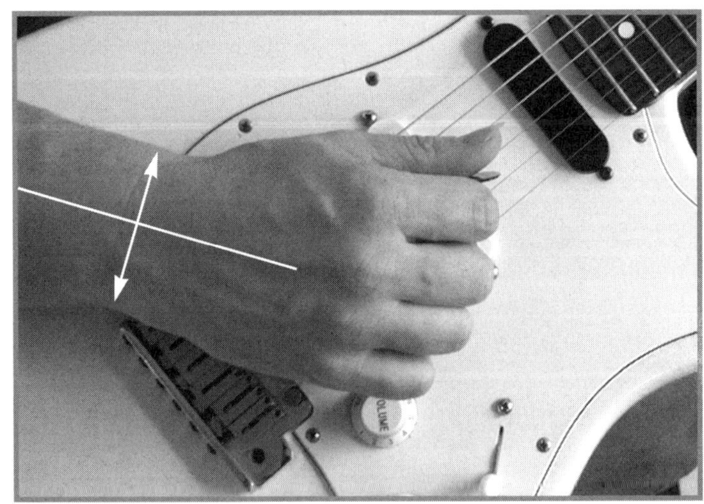

**Hinweise zur
Anschlagshand**

Die gezeigte Handhaltung stellt eine Empfehlung dar. Mit entscheidend für die Art
der Handhaltung ist auch die physische Beschaffenheit (große/kleine Hand, Fingerlänge).

Grundsätzlich gilt:

- Die Anschlagshand ganz entspannt über den Saiten positionieren.

- Der Daumen übt nur geringen Druck auf das Plektrum aus.

- Die Anschlagsbewegung erfolgt aus dem Handgelenk, nicht aus dem Unterarm.

BoE 7081

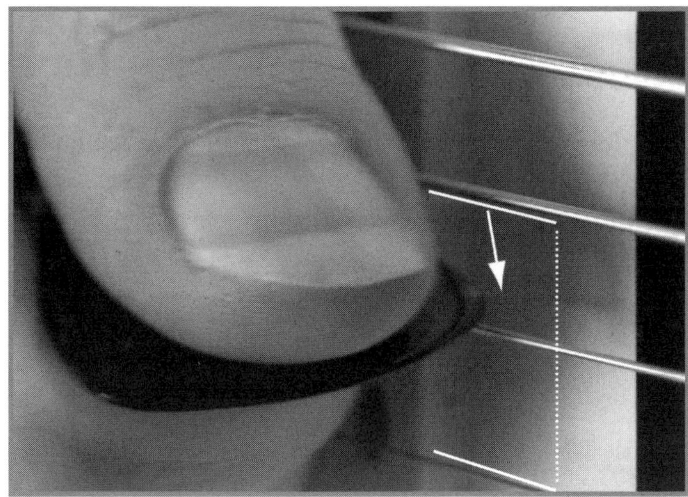

Abwärtsschlag (Symbol ⊓)

■ Der **Abwärtsschlag** beim Einzelsaitenspiel erfolgt **mit einer parallelen Bewegung** der Anschlagshand **über die jeweilige Saite.**

■ Der **Anschlagsradius** (Gesamtwegstrecke des Plektrums) liegt **innerhalb der beiden Nachbarsaiten.**

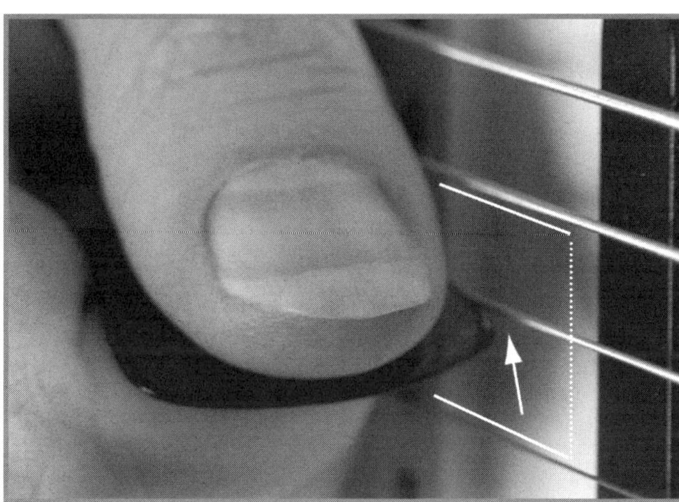

Aufwärtsschlag (Symbol V)

■ Der **Aufwärtsschlag** erfolgt ebenfalls **mit einer parallelen Bewegung** der Anschlagshand aus einer nahen Position **unterhalb der jeweiligen Saite.**

■ Der **Anschlagsradius** (Gesamtwegstrecke des Plektrums) liegt **innerhalb der beiden Nachbarsaiten.**

 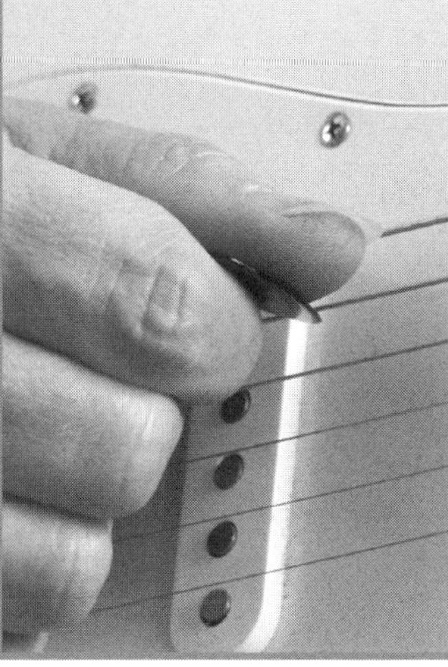

Die Wechselschlag-Technik (Symbol ⊓ V)

■ Die **Wechselschlag-Technik** ist eine sehr **effektive Plektrum-Technik**, um z.B. Solo-Linien zu **spielen.** Die am meisten verbreitete Form ist die Anschlags-Abfolge **Abwärtsschlag-Aufwärtsschlag.**

Es gibt 4 Basis-Anschlagsarten:

■ Töne werden ausschließlich mit Abwärtsschlag gespielt (⊓ ⊓ ⊓ etc.).

■ Töne werden ausschließlich mit Aufwärtsschlag gespielt (V V V etc.).

■ Töne werden mit der Wechselschlag-Technik in der Abfolge Abwärts- und Aufwärtsschlag (⊓ V ⊓ V etc.) gespielt.

■ Töne werden mit der Wechselschlag-Technik in der Abfolge Aufwärts- und Abwärtsschlag (V ⊓ V ⊓ etc.) gespielt.

Hinweise zu den Anschlagsarten

Lagenspiel
Lagenwechsel

Die **Lage** bezeichnet den **Stand des Greifhand-Zeigefingers** (1). Wird in der **1. Lage** gespielt, steht der **Zeigefinger im 1. Bund**.

Zur Unterscheidung von den Bund-Angaben werden die Lagen in römischen Ziffern geschrieben: **I. Lage**.

Lagenwechsel bedeutet, dass der **Zeigefinger** wie bei der Übung 1 in Takt 2, Zählzeit 1 durch Verschieben der Greifhand in den **5. Bund** wechselt. Die neue Lage **heißt V. Lage**.

Mit den Übungen 1-6 kannst du **4 wichtige Spieltechnik-Elemente** einüben:

■ Den Basis-Fingersatz 1-2-3-4.

■ 4 Lagenwechsel auf jeder Saite (aufwärts und abwärts).

■ Die Wechselschlag-Technik.

■ Synchronisation zwischen Greif- und Anschlagshand.

E-Saite

1

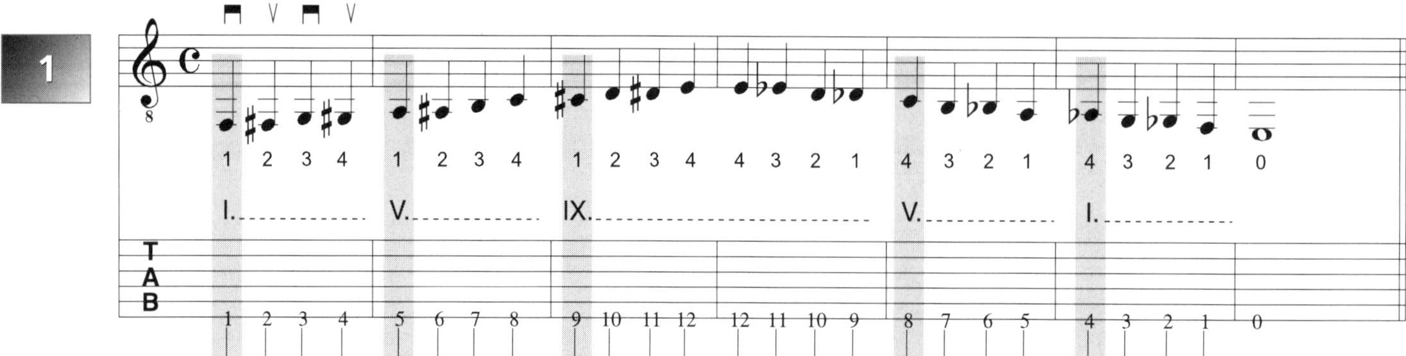

A-Saite

2

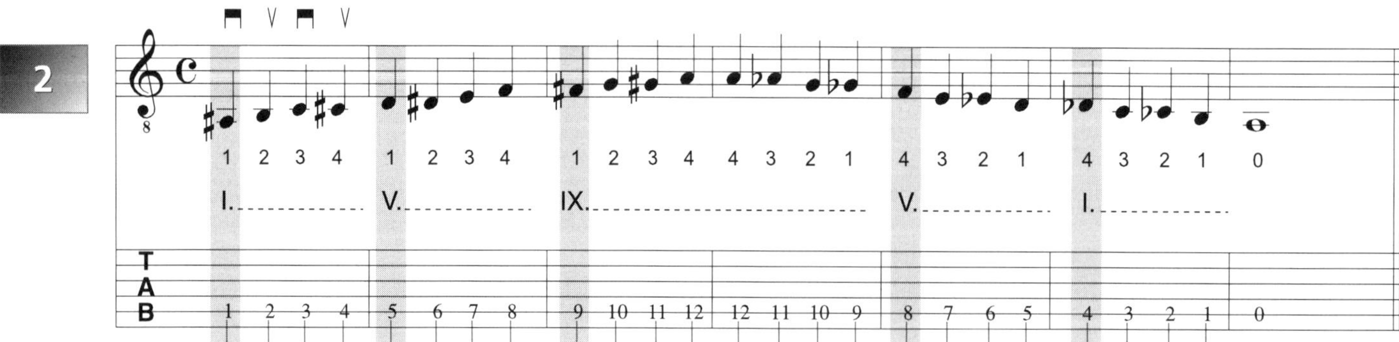

d-Saite

3

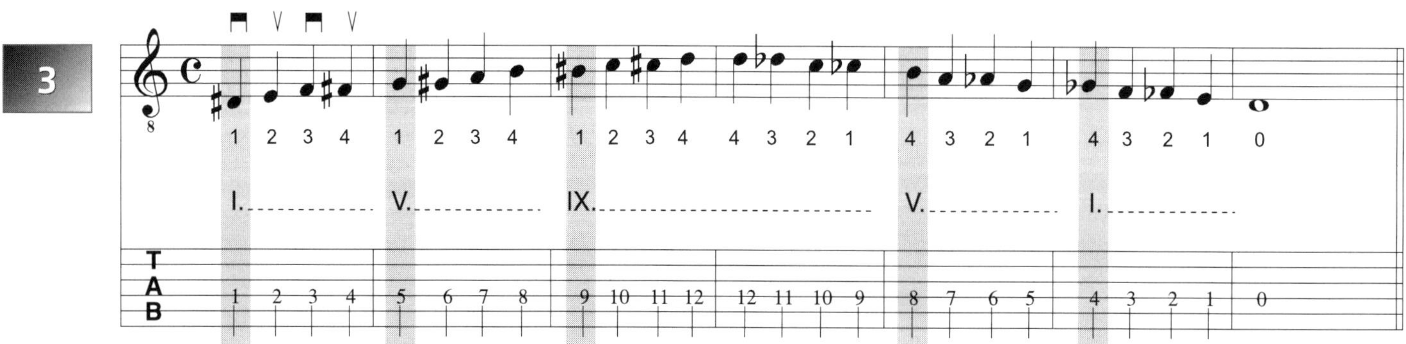

BoE 7081

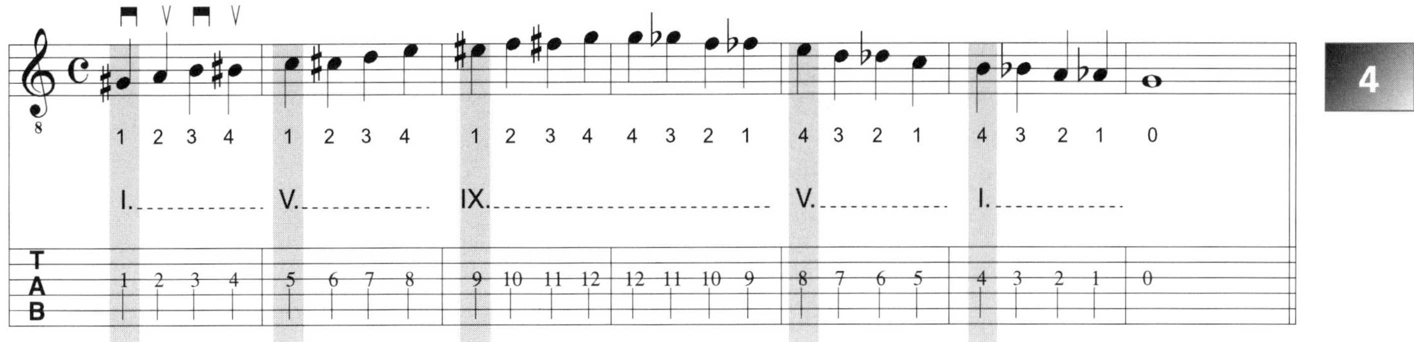

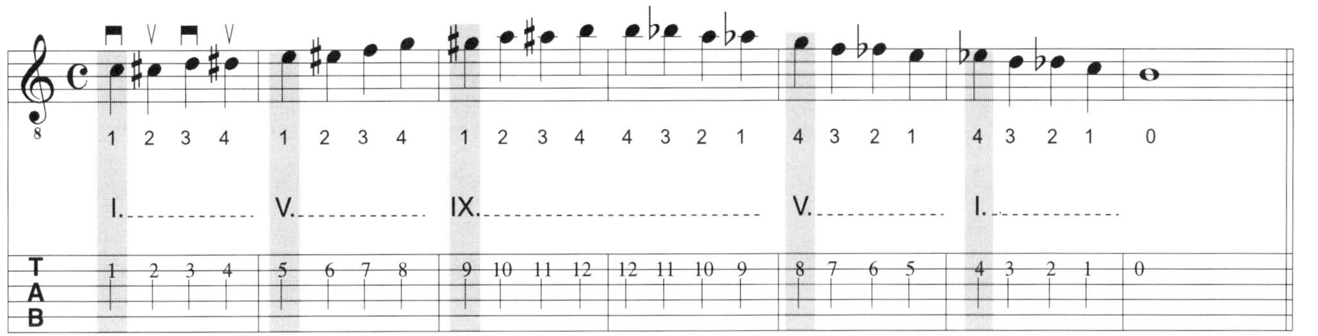

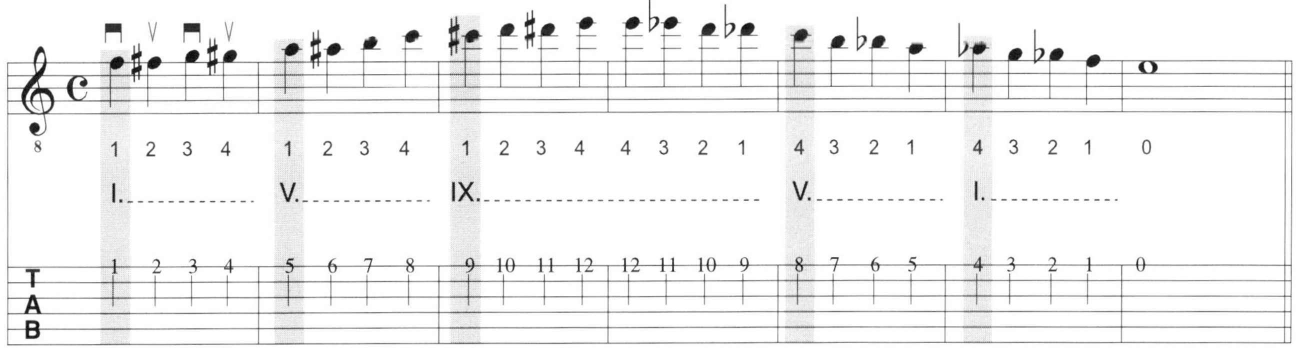

- Durch langsames Umsetzen der Greifhand kannst du die Wege der 2 Lagenwechsel üben.

- Die Greifhand kannst du beim Lagenwechsel vor einem Spiegel überprüfen.

- Ab dem 13. Bund wiederholen sich die Töne 1 Oktave höher:
  1./13. Bund = F, 3./15. Bund = G etc.

- Alle Töne bewusst und langsam spielen hilft dir, schneller zum Erfolg zu gelangen.

- Übe die Lagenwechsel mit Metronom.
  Damit trainierst du den rhythmischen Fluss (engl. *Timing*).

- Nimm deine Übungen auf. Durch Abhören deines Spiels lernst du schneller, exakt zu spielen und zu üben.

Tipps zu den Übungen

3 Spiel-Varianten

Einen **Greifhand-Fingersatz** (Basis-Fingersatz 1-2-3-4) kannst du **in verschiedenen Ausführungen** über das Griffbrett spielen. Sie werden hier als **Spiel-Varianten** bezeichnet. **3 typische Spiel-Varianten** sind in der folgenden Grafik dargestellt.

Fingersatz 1

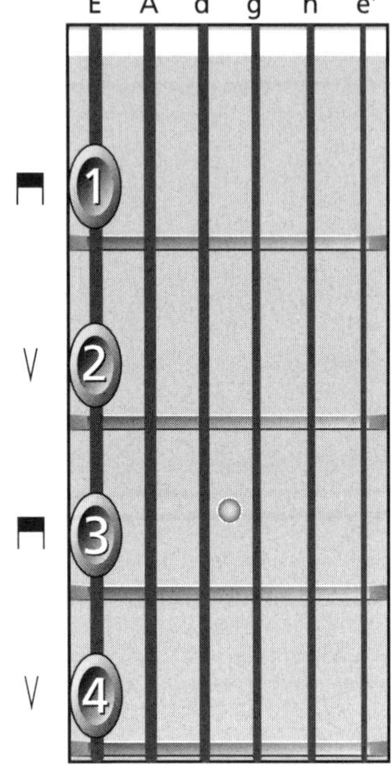

Spiel-Variante 1

Spiel-Variante 2

Spiel-Variante 3

Zeigefinger = ①

Mittelfinger = ②

Ringfinger = ③

kleiner Finger = ④

Abwärtsschlag = ◼

Aufwärtsschlag = V

Erklärung der Spiel-Varianten

- ◼ **Spiel-Variante 1** - Einen Fingersatz (z.B. 1-2-3-4) kannst du über alle 6 Saiten in der I. Lage aufwärts und abwärts spielen.

- ◼ **Spiel-Variante 2** - Einen Fingersatz kannst du über alle 6 Saiten in der I. Lage aufwärts und abwärts in der II. Lage spielen. Danach spielst du in der III. Lage wieder aufwärts und in der IV. Lage abwärts. Auf diese Weise kannst du die Übung über das gesamte Griffbrett ausweiten.

- ◼ **Spiel-Variante 3** - Einen Fingersatz kannst du auf einer Saite aufwärts von der I. Lage über das gesamte Griffbrett spielen und abwärts wieder bis in die I. Lage zurück.

Fingerunabhängigkeit und Synchronisation

Die Grundlagen einer guten Spieltechnik:

- **Die 4-Finger-Greifhand-Technik.**

- **Synchronisation** der **Anschlagshand** mit der **Greifhand**.

- **Physische Fitness** - Geschmeidigkeit und Unabhängigkeit **aller 4 Greifhandfinger.**

Unter dem thematischen Oberbegriff **Fingerunabhängigkeit und Synchronisation** liefern die **Übungen 7-24** einen systematischen Leitfaden für eine gute Spieltechnik.

Grundlagen einer guten Spieltechnik

> **Übung 7 mit Fingersatz 1: 1-2-3-4 mit Spiel-Variante 1 (Erläuterung siehe Seite 10).**

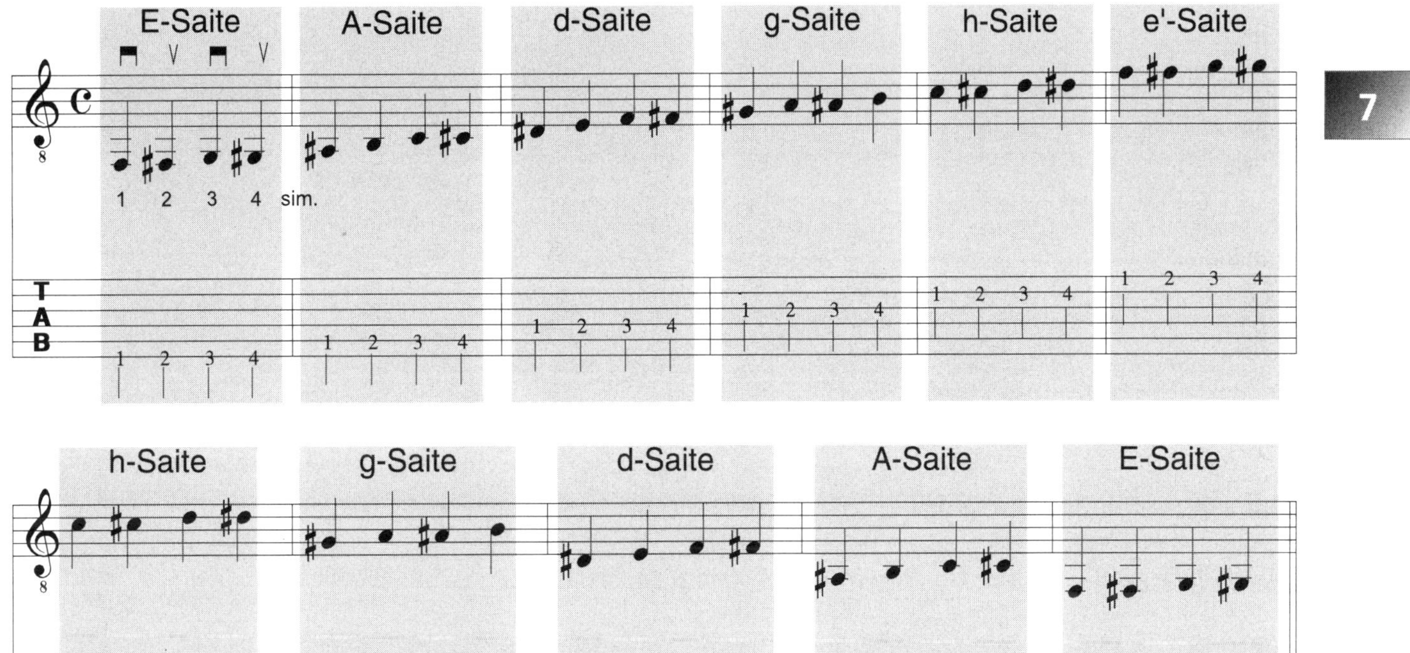

1 Greifhand-Zeigefinger im 1. Bund auf der tiefen E-Saite **aufsetzen** (direkt oberhalb des folgenden Bundstäbchens). Anschlag: Abwärtsschlag mit Plektrum.

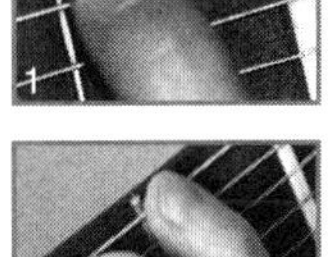

2 Greifhand-Mittelfinger im 2. Bund aufsetzen. Anschlag: Aufwärtsschlag mit Plektrum. Der Zeigefinger bleibt auf der Seite liegen.

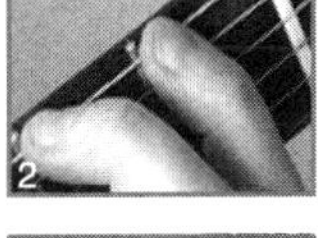

3 Greifhand-Ringfinger im 3. Bund aufsetzen. Anschlag: Abwärtsschlag mit Plektrum. Zeige- und Mittelfinger bleiben auf der E-Saite liegen.

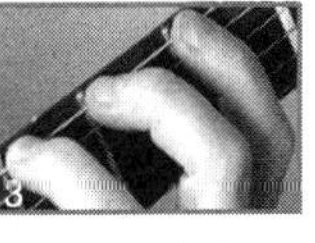

4 Greifhand-Kleinen Finger im 4. Bund aufsetzen. Anschlag: Aufwärtsschlag mit Plektrum. Zeige-, Mittel- und Ringfinger bleiben auf der E-Saite liegen.

5 Die 4 Greifhandfinger lösen den Kontakt zur E-Saite. Die Hand bewegt sich parallel zu den Saiten über die A-Saite. Spiele die Schritte 1-4 auf der A-Saite. Spiele die Übung so über alle 6 Saiten auf- und absteigend.

Schritt-für-Schritt Anleitung zu Übung 7

Übung 8 - Fingersatz 1: 1-2-3-4 mit Spiel-Variante 2 (Lagenwechsel in Takt 7).

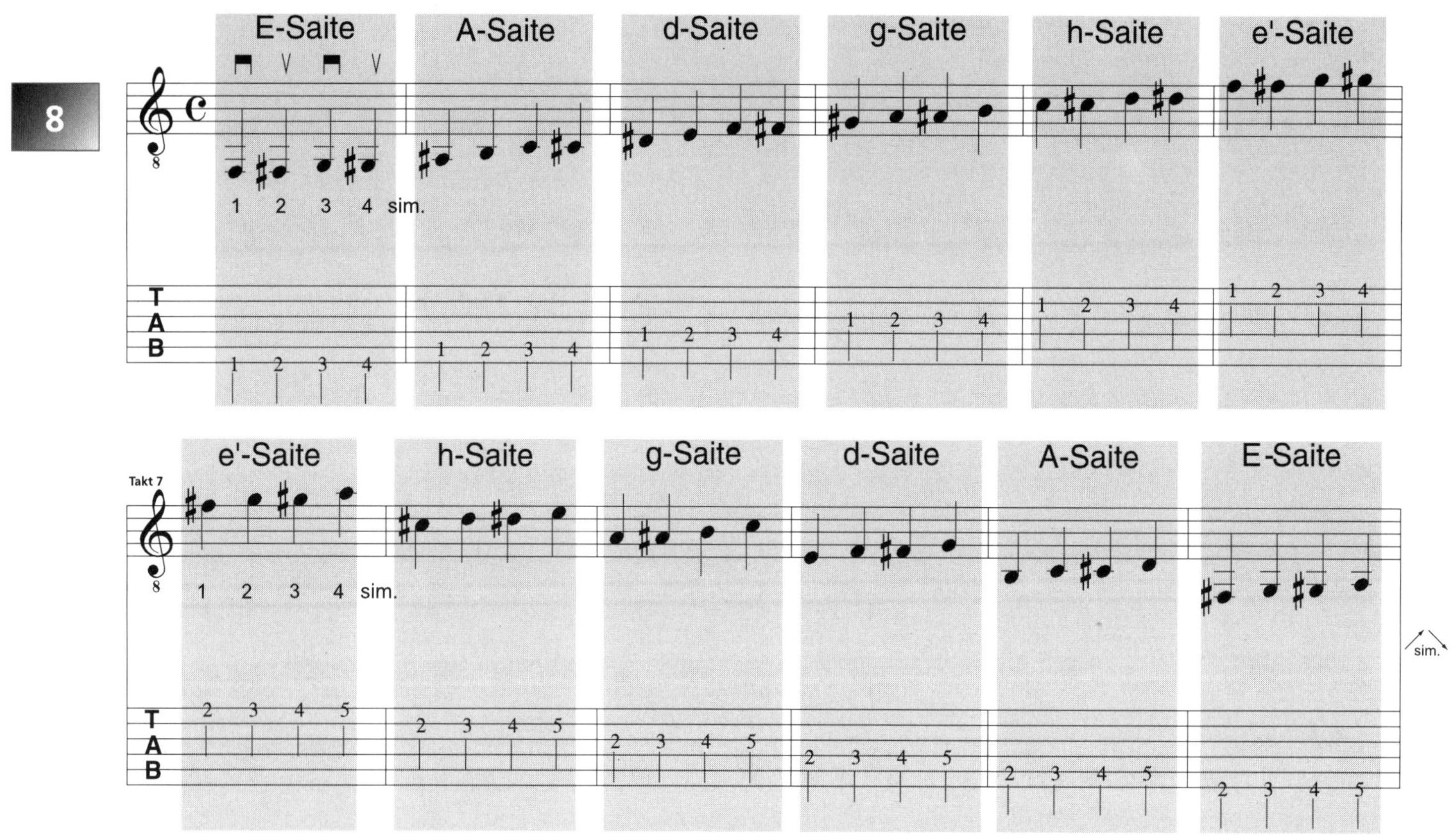

Übung 9 - Fingersatz 1: 1-2-3-4 mit Spiel-Variante 3 (I.-V. Lage).

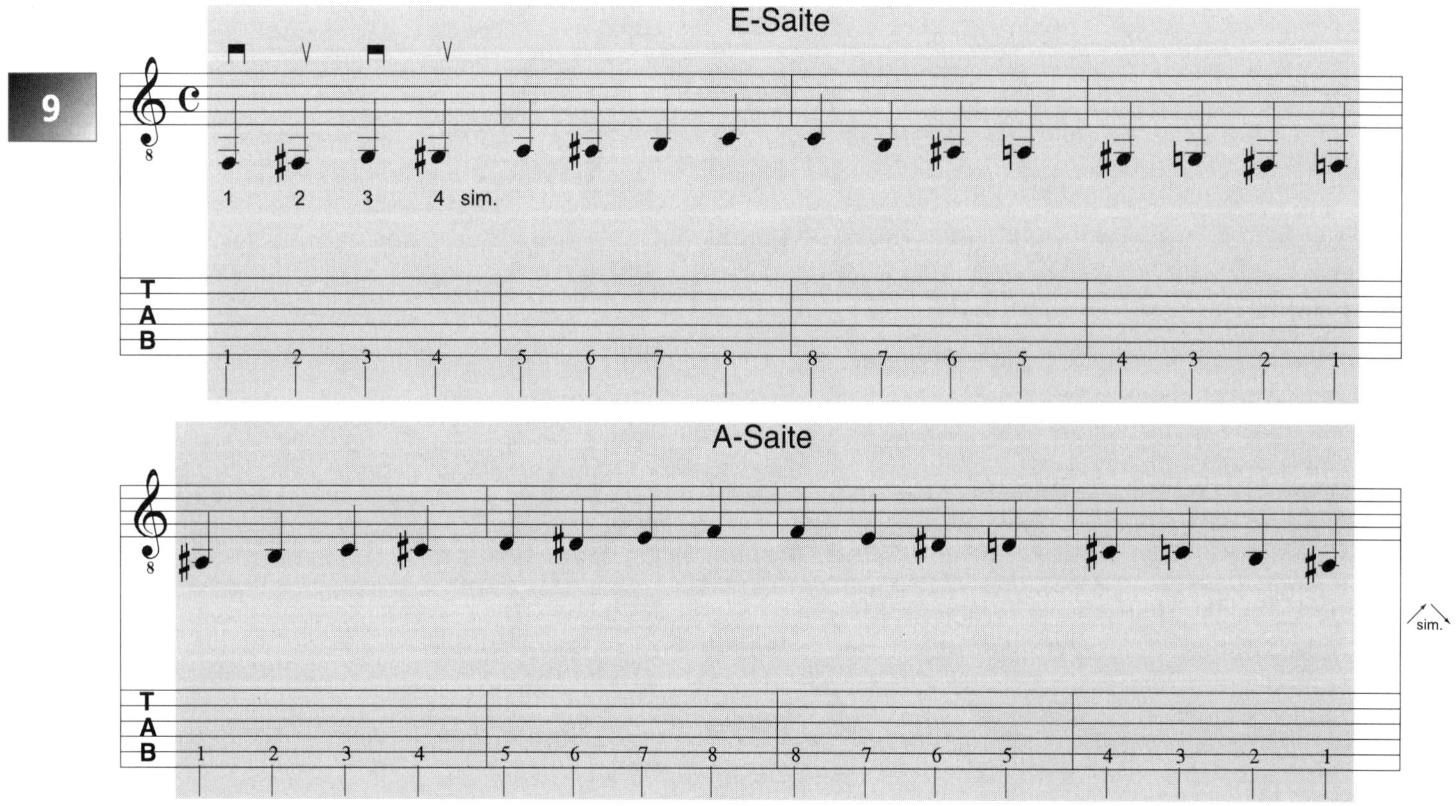

Fingerunabhängigkeit und Synchronisation

Jeder der **4 Greifhandfinger** kann als Startfinger mit den anderen 3 Greifhandfingern
auf einer Saite 6 Kombinationen bilden. Das ergibt **24 Fingersätze**.
Sie sind die Grundlage für die »1000-Finger«-Tabelle.

Die »1000-
Finger«-Tabelle

Block 1 Fingersatz	(Start mit Zeigefinger - 1)			
1	1	2	3	4
2	1	2	4	3
3	1	3	2	4
4	1	3	4	2
5	1	4	2	3
6	1	4	3	2

Block 2 Fingersatz	(Start mit Mittelfinger - 2)			
7	2	1	3	4
8	2	1	4	3
9	2	3	1	4
10	2	3	4	1
11	2	4	1	3
12	2	4	3	1

Block 3 Fingersatz	(Start mit Ringfinger - 3)			
13	3	1	2	4
14	3	1	4	2
15	3	2	1	4
16	3	2	4	1
17	3	4	1	2
18	3	4	2	1

Block 4 Fingersatz	(Start mit kleinem Finger - 4)			
19	4	1	2	3
20	4	1	3	2
21	4	2	1	3
22	4	2	3	1
23	4	3	1	2
24	4	3	2	1

■ Starte mit Block 1 (Fingersatz 1-6) und Spiel-Variante 1 (siehe Seite 10).

■ Probiere alle 24 Fingersätze mit Spiel-Variante 1 aus. Isoliere die Problem-Fingersätze.

■ Durch bewusst langsame Ausführung und Wiederholung jeden Problem-Fingersatz
trainieren. Zielsetzung: Alle 24 Fingersätze fehlerfrei beherrschen!

■ Übungsumfang anfangs eingrenzen: Z.B. bis zum 5. Bund mit 6 Fingersätzen
aus allen Blöcken. Übe mit den 3 Spiel-Varianten. Übungs-Programm erstellen!

■ Zur Kontrolle die Fingersatz-Übungen aufnehmen! Durch Abhören deines Spiels
lernst du schneller, technisch exakt zu spielen und zu üben.

■ Entdecke die kreativen Möglichkeiten (z.B. 1-2-3-4, 2-3-4-1, 3-4-2-1 etc.) der Tabelle!

■ Alle Fingersätze sind als Aufwärm-Spiel gut geeignet.

Tipps zur
»1000-Finger«-
Tabelle

Erweiterungs-Übungen zur »1000-Finger«-Tabelle:

Um **das kreative Potential der »1000-Finger«-Tabelle** zu verdeutlichen, hier einige Erweiterungsmöglichkeiten der Übungen:

- Ein Fingersatz pro Saite mit Fingersatzwechsel, aber mit gleichem Startfinger auf der nächsten Saite (**Übung 10**).

- Ein Fingersatz über 2 Saiten, zwei Finger pro Saite (**Übung 11**).

- Ein Fingersatz über 2 Saiten alternierend (**Übung 12**).

- Ein Fingersatz über 4 Saiten (**Übung 13**).

- Ein Fingersatz über 4 Saiten mit Saitensprung - Überspringen einer oder mehrerer Saiten (**Übung 14**).

Übung 10 - Mit dem Saitenwechsel wechselt auch der Fingersatz. Fingersatz 1-6 (siehe Seite 13).

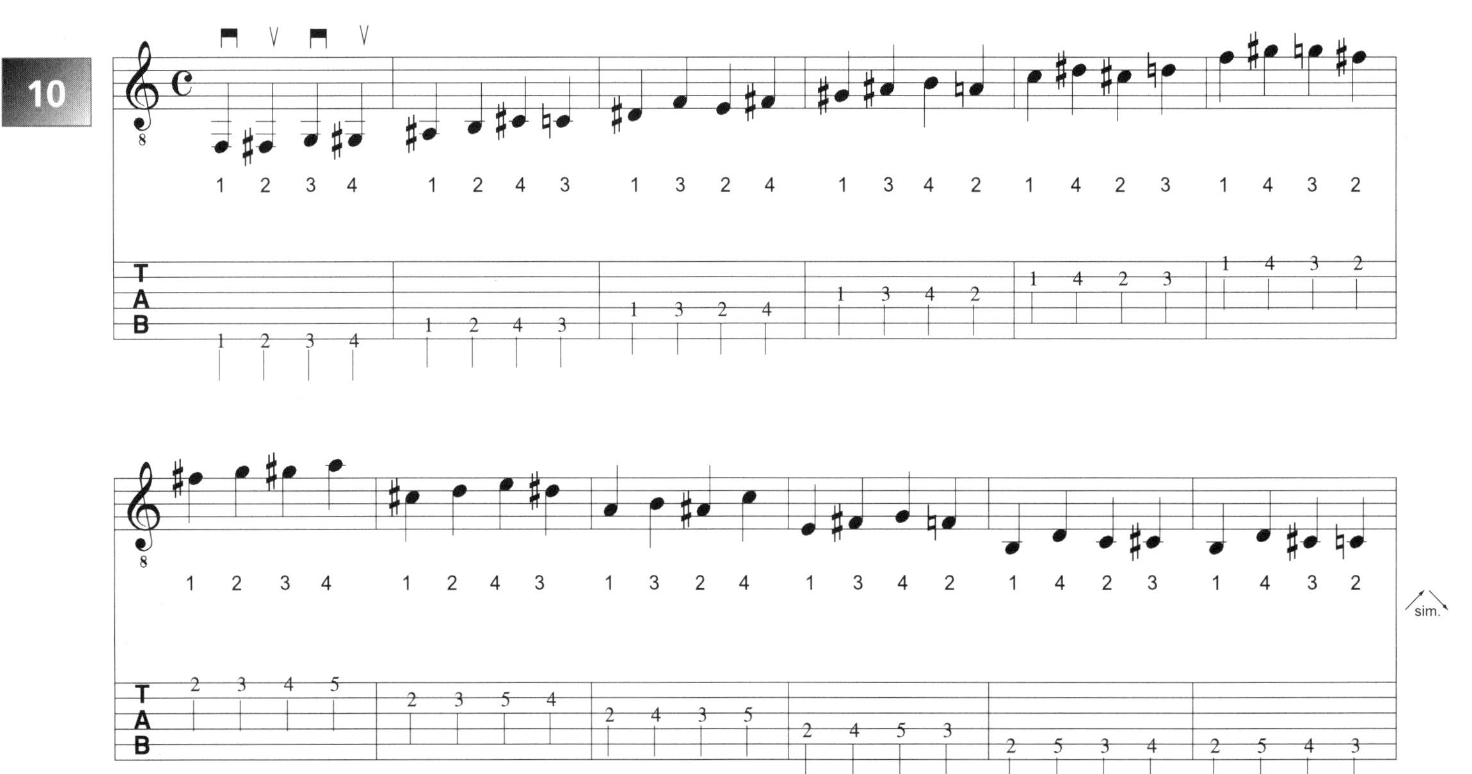

Ein konkretes Trainings-Programm aus der Vielzahl der möglichen Übungen ist der beste Weg gezielt und effektiv zu üben.

- In kleinen Einheiten üben. Dann nach und nach die Übungszeit steigern.

- Anfangs nur über vorher festgelegte Griffbrett-Abschnitte spielen.

- Erst nach einer gewissen Übungs-Routine das gesamte Griffbrett einbeziehen.

Effektives Üben

14

Fingerunabhängigkeit und Synchronisation

Übung 13 - Ein Fingersatz (Fingersatz 1) wird über 4 Saiten gespielt (E-A-d-g, A-d-g-h, d-g-h-e').

Übung 14 - Fingersatz 1 wird mit der Saitensprung-Technik über 4 Saiten gespielt.

Fingerunabhängigkeit und Synchronisation

Die **Finger-Roll**-Technik ist das **Umsetzen eines Fingers auf die Nachbarsaite, ohne ihn dabei von der Saite abzuheben**.

■ **Finger-Roll abwärts**: Der aufgesetzte Finger im Bund wird von seiner Ausgangslage durch Abwinkeln ohne Abheben auf die Nachbarsaite positioniert (Fotos 1 und 2).

■ **Finger-Roll aufwärts**: Der Finger-Roll-Finger wird etwas unterhalb der Fingerkuppe im Bund der Ausgangssaite aufgesetzt und dann ohne Abheben durch Abwinkeln auf die Nachbarsaite »herübergerollt« (Fotos 3 und 4).

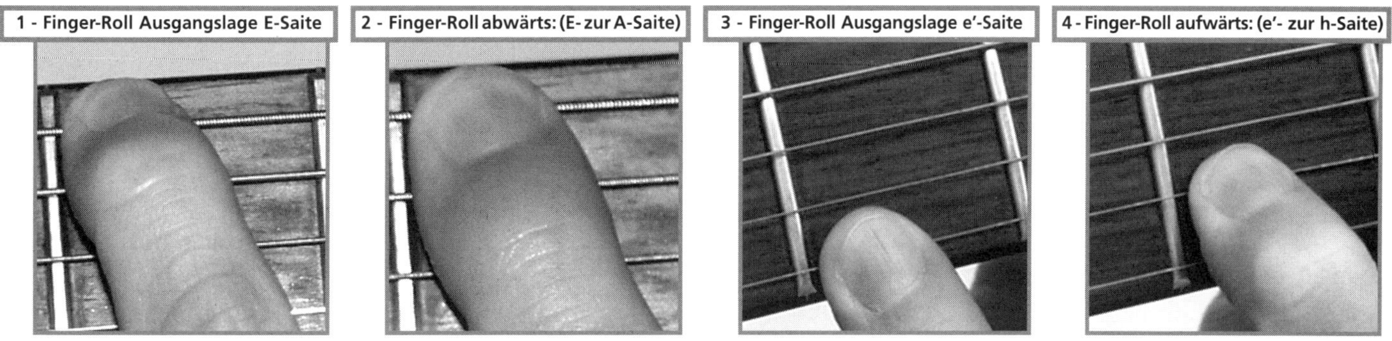

Übung 15 - Mit dem kleinen Finger wird die Finger-Roll-Technik auf- und abwärts geübt.

■ Die Finger-Roll-Technik (aufwärts/abwärts) ist für alle 4 Greifhandfinger relevant!

■ Übungen für die Greifhandfinger kannst du durch Kombinieren korrespondierender Fingersätze aus den 4 Blöcken (Seite 13) zusammenstellen, z.B. für den Ringfinger: Fingersatz 2 (Block 1) mit Block 3 - Fingersatz 13-18.

■ Die Finger-Roll-Technik ist nicht zu verwechseln mit der Barré-Technik!

Fingerunabhängigkeit und Synchronisation

Raupe-Übungen

Eine besondere Herausforderung sind die folgenden Übungen. Nach dem Vorbild einer Raupe, die sich auf einem Blumenstängel auf- und abwärts bewegt, können die Finger diese Bewegung auf den Saiten imitieren. Die Fingersätze fördern die Konzentration und den Koordinations-Fluss der Finger.

Übungen 16-19 sind »Raupe«-Übungen.

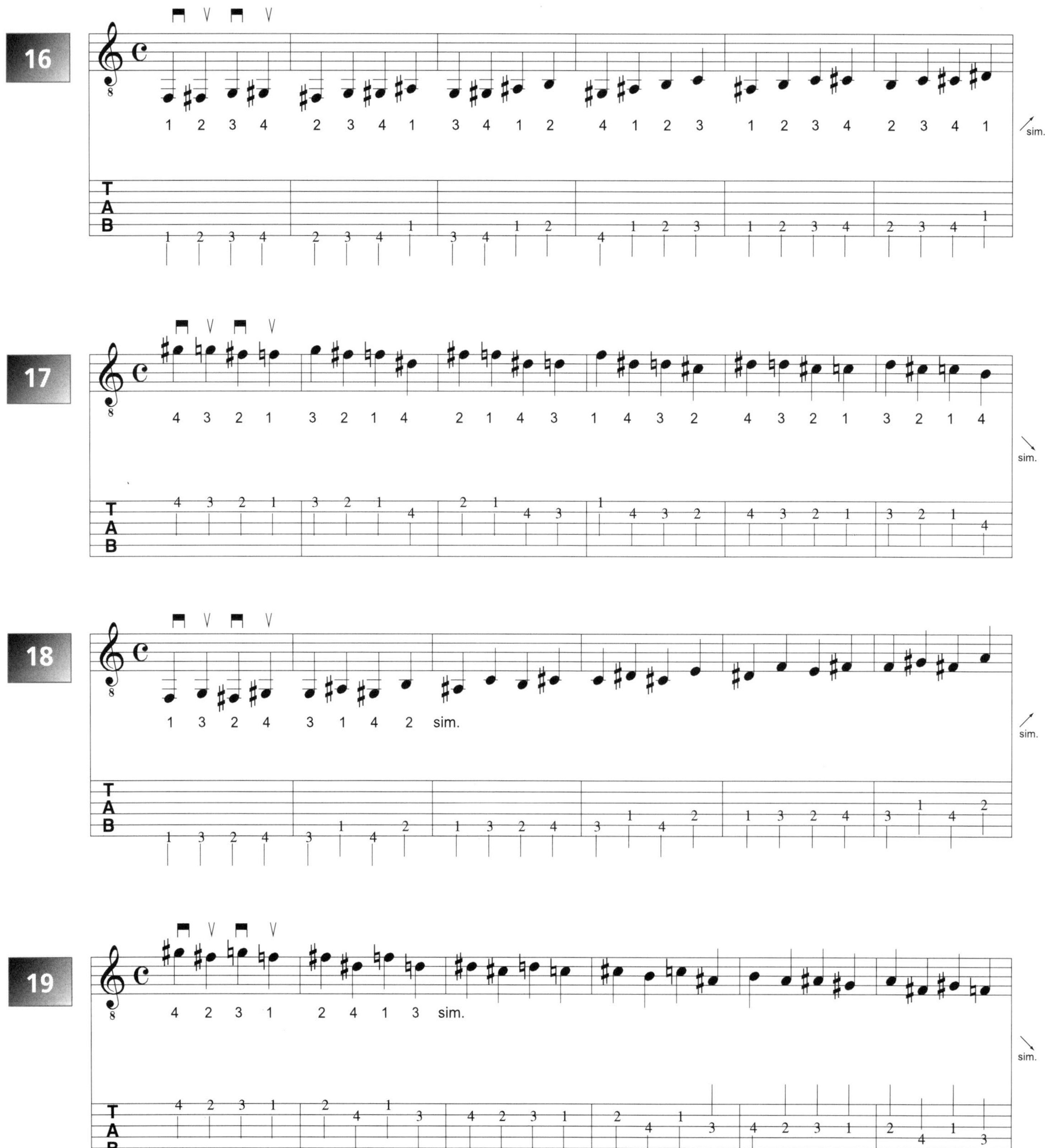

Fingerunabhängigkeit und Synchronisation

Die Übungen 20-24 fördern die Greifhandfinger-Koordination.

■ Die **Finger bewegen sich** mit den Tönen **in** einer »**vor-und-zurück**«-Bewegung (chromatische Gegenbewegung).

Übung 20 ist zum Einschleifen der »vor-und-zurück«-Bewegung geeignet.

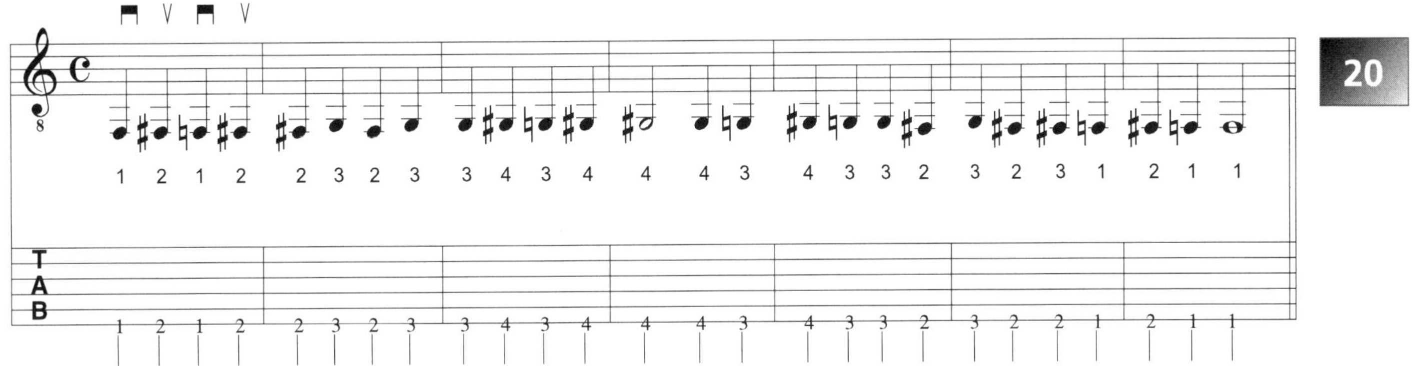

Übung 21 trainiert alle 4 Greifhandfinger in der »vor-und-zurück«-Bewegung aufwärts mit Triolen.

■ Die Gleichmäßigkeit (Timing) von Triolen hängt besonders von der Greifhand-/ Anschlagshand-Synchronisation ab.

■ Konsequenter Wechselschlag ist wichtig!

■ Stetes Üben in einem langsamen Tempo, z.B. mit Metronom, unterstützt eine schnellere Beherrschung des Triolen-Spiels.

■ Anfangs nur über vorher festgelegte Griffbrett-Abschnitte spielen.

■ Erst nach einer gewissen Übungs-Routine das gesamte Griffbrett einbeziehen.

Übung 22 trainiert alle 4 Greifhandfinger in der »vor-und-zurück«-Bewegung abwärts mit Triolen.

Übung 23 variiert im Fingersatz in der »vor-und-zurück«-Bewegung aufwärts mit Triolen.

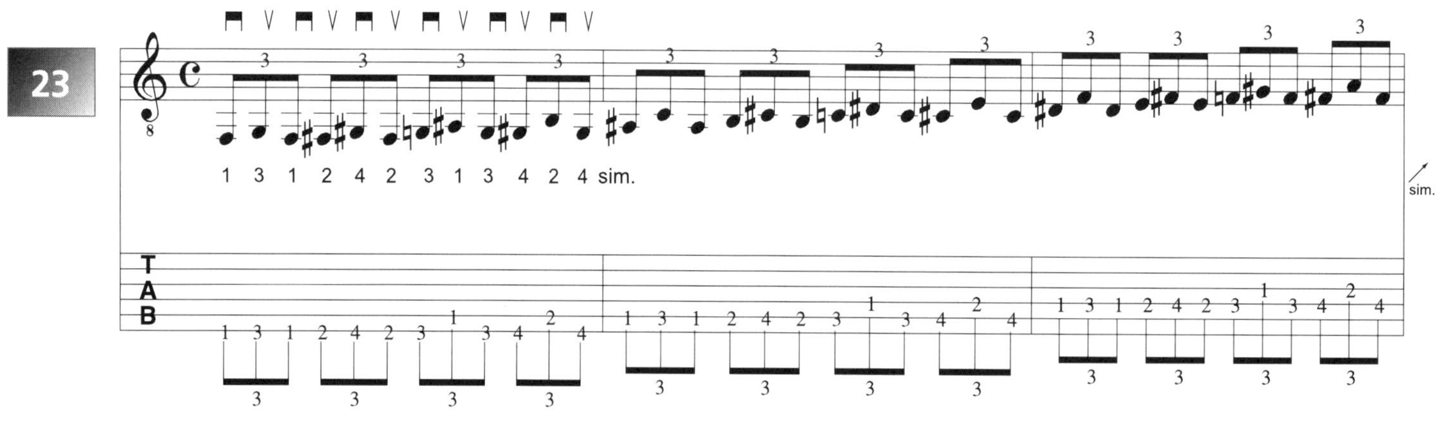

Übung 24 variiert im Fingersatz in der »vor-und-zurück«-Bewegung abwärts mit Triolen.

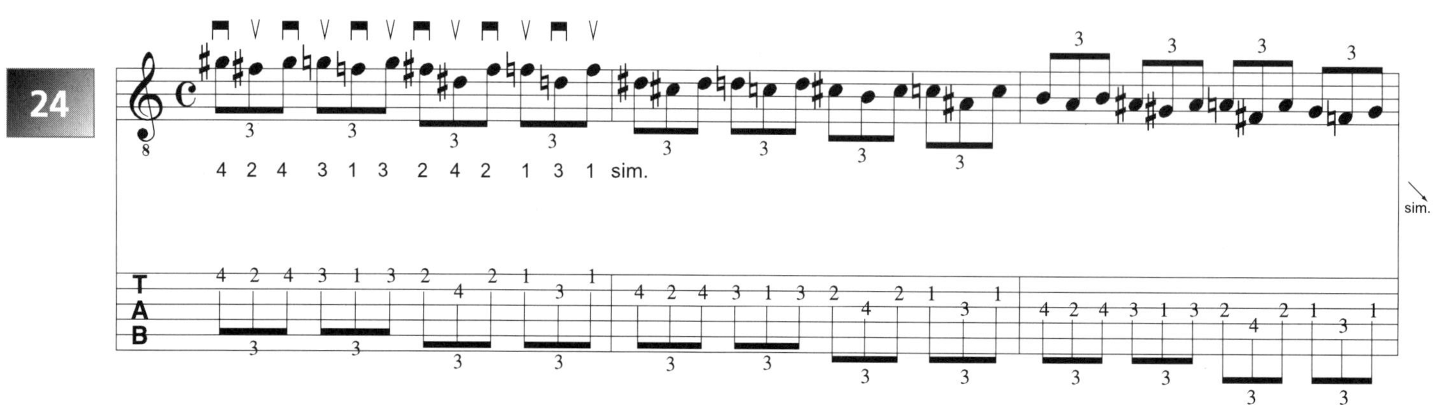

■ Die einfache **Aufschlagsbindung** (engl.: Hammer-on).

  1. Den **ersten Ton mit** dem **Plektrum anschlagen**.

  2. Den **zweiten Ton mit** einem »**Aufschlag**« eines **Greifhandfingers auf die Saite**
erzeugen.

Mit den Übungen 25-27 kannst du die Grundformen der Aufschlagsbindungen üben.

**Aufschlags-
bindungen**

Übung 25 - Einfache Aufschlagsbindung (Hammer-on) über alle 6 Saiten. 2 Anschlagsmuster.

Als vorbereitende Übung für die einfache Aufschlagsbindung sind die h- und die e'-Saite besonders geeignet.

Die dünnere Saitenstärke erleichtert den Aufschlag.
Wichtig ist, dass **der aufschlagende Finger** zum einen
die Saite mit der Fingerkuppen-Mitte trifft und zum
anderen die **optimale Stellung zum Bundstäbchen** erzielt.
Spiele die Übungen mit 2 Anschlagsmustern:
(1. Wechselschlag ⊓ V, 2. nur mit Abschlägen ⊓).

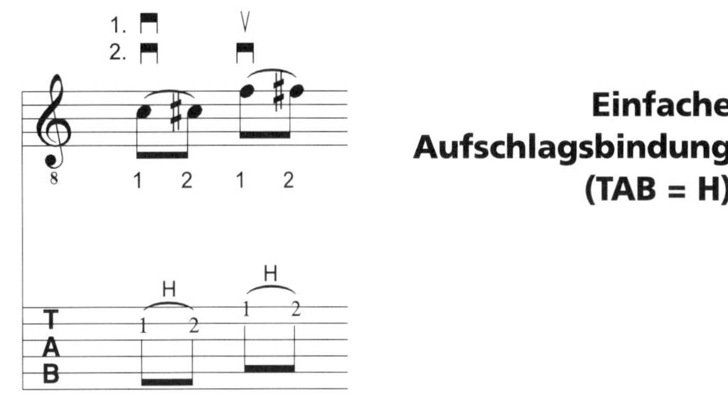

**Einfache
Aufschlagsbindung
(TAB = H)**

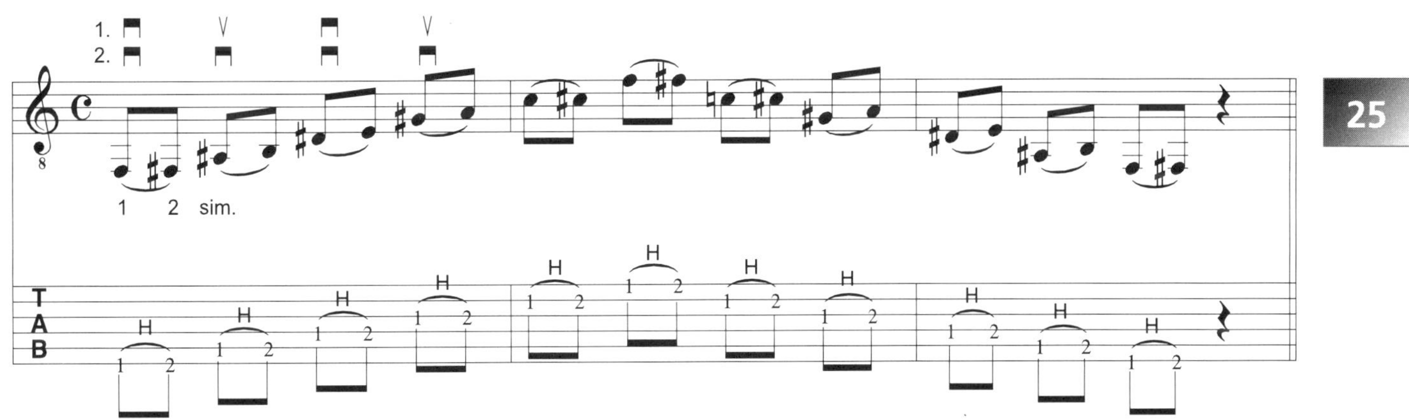

■ **Zum Einüben der Aufschlagsbindungen beim Plektrum-Anschlag »Eins«
und beim Aufschlag »Zwei« sagen.**

■ **Ringfinger und kleinen Finger mit der Vorübung und Übung 25 auf die Übungen
26-27 vorbereiten.**

■ **Beide Plektrum-Anschlagsformen gleichberechtigt behandeln,
das erweitert dein spieltechnisches Vermögen.**

■ **Problem-Saiten isolieren und gesondert üben. Metronom einsetzen
fördert das Zeitgefühl für genaues Spiel.**

■ **Anfangs nur über vorher festgelegte Griffbrett-Abschnitte spielen.**

■ **Nimm deine Übungen auf. Durch Abhören deines Spiels lernst du schneller
exakt zu spielen und zu üben.**

Übungs-Tipps

Übung 26 - Zweifache Aufschlagsbindung über alle 6 Saiten. 2 Anschlagsmuster.

Prinzip der zweifachen Aufschlagsbindung

Du kannst **durch leichtes Aufsetzen der 2 Aufschlags-finger ohne Plektrum-Anschlag** zuerst die **optimale Stellung in den Bünden ausloten.**

Die **Betonung** bei der Ausführung **der Triole liegt auf dem ersten Ton.**

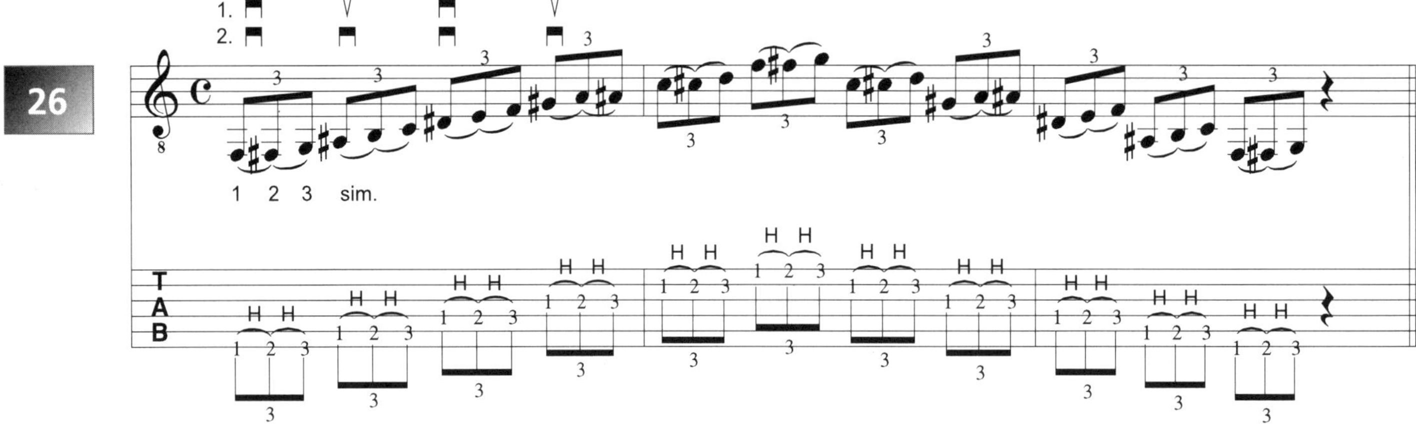

Übung 27 - Dreifache Aufschlagsbindung über alle 6 Saiten. 2 Anschlagsmuster.

Prinzip der dreifachen Aufschlagsbindung

Du kannst **durch leichtes Aufsetzen der 3 Aufschlags-finger ohne Plektrum-Anschlag** zuerst die **optimale Stellung in den Bünden ausloten.**

Die **Betonung** bei der Ausführung **der Sechzehntel-Figur liegt auf dem ersten Ton.**

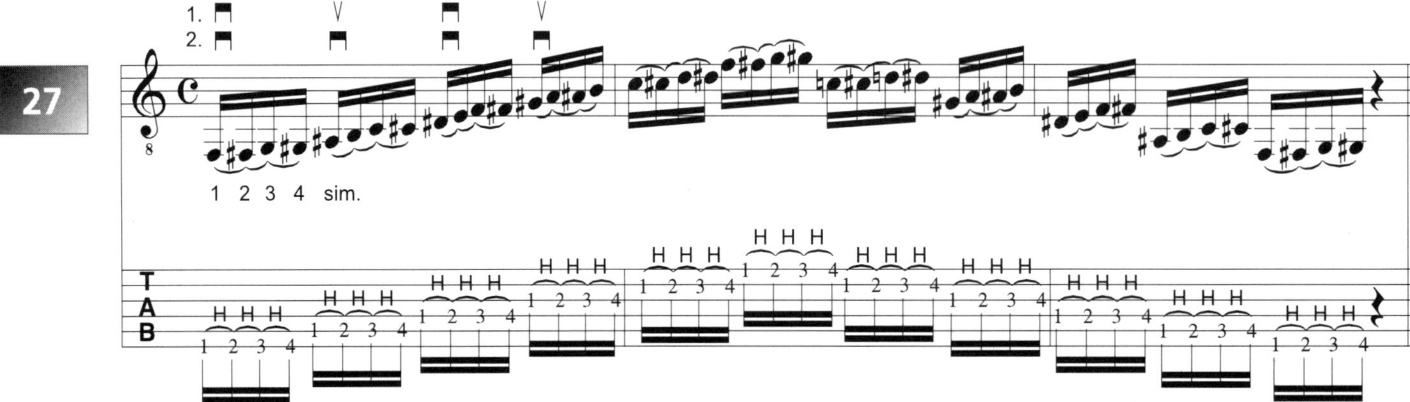

22

■ Die Abzugsbindung (engl.: Pull-off).

■ 1. Den **ersten Ton mit** dem **Plektrum anschlagen**.

■ 2. Den **zweiten Ton durch** »**Abzug**« eines bereits gegriffenen Tons von der Saite **erzeugen**. Seitlich von der Saite abziehen in Richtung der darunterliegenden Nachbarsaite, aber ohne sie zu berühren.

Für die e'-Saite gilt: Abzugsfinger nicht zu weit vom Griffbrett »wegschwenken«.

Mit den Übungen 28-30 kannst du die Grundformen der Abzugsbindungen üben.

Abzugsbindungen

Übung 28 - Einfache Abzugsbindung (Pull-off) über alle 6 Saiten. 2 Anschlagsmuster.

Als vorbereitende Übung für die einfache Abzugsbindung sind die h- und die e'-Saite besonders geeignet.

Die dünnere Saitenstärke erleichtert zum einen den Abzug und zum anderen kannst du den Unterschied **testen, wie ein Abzug zu einer benachbarten Saite** (hier von der h- zur e'-Saite) **und von der e'-Saite vom Griffbrett weg optimal funktioniert.**

Spiele die Übungen mit 2 Anschlagsmustern: (1. Wechselschlag ⊓ V, 2. nur mit Abschlägen ⊓).

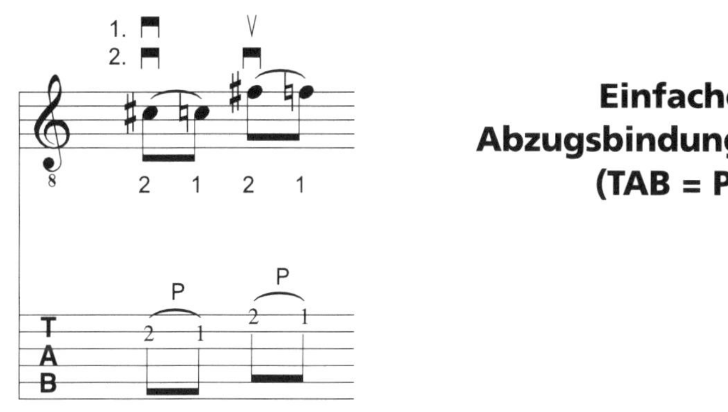

Einfache Abzugsbindung (TAB = P)

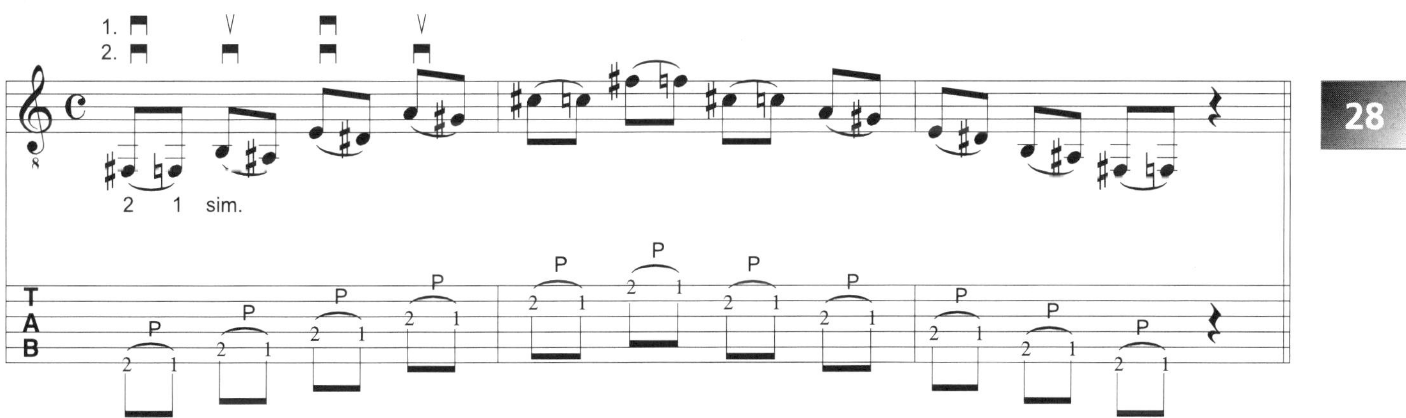

■ Zum Einüben der Abzugsbindungen beim Plektrum-Anschlag »Eins« und beim Abzug »Zwei« sagen.

■ Ringfinger und kleinen Finger mit der Vorübung und Übung 28 auf die Übungen 29-30 vorbereiten.

■ Beide Plektrum-Anschlagsformen gleichberechtigt behandeln, das erweitert dein spieltechnisches Vermögen.

■ Problem-Saiten isolieren und gesondert üben. Ein Metronom fördert hier das Zeitgefühl für genaues Spiel.

■ Anfangs nur über vorher festgelegte Griffbrett-Abschnitte spielen.

■ Nimm deine Übungen auf. Durch Abhören deines Spiels lernst du schneller, exakt zu spielen und zu üben.

Übungs-Tipps

Übung 29 - Zweifache Abzugsbindung über alle 6 Saiten. 2 Anschlagsmuster.

Prinzip der zweifachen Abzugsbindung

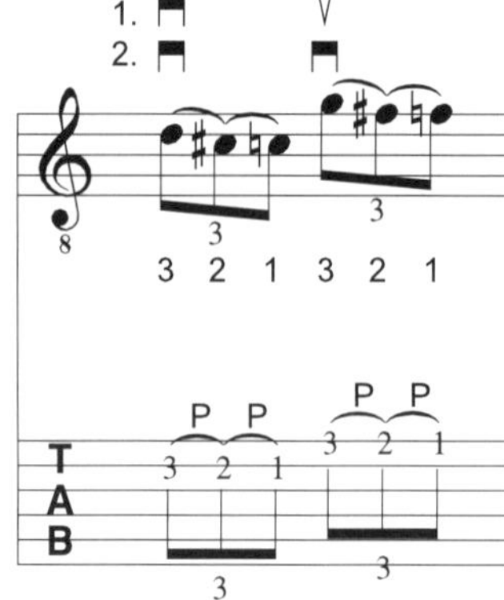

Du kannst **durch leichtes Aufsetzen der 2 Abzugsfinger ohne Plektrum-Anschlag** zuerst die **optimale Stellung in den Bünden ausloten.**

Die **Betonung** bei der Ausführung **der Triole liegt auf dem ersten Ton.**

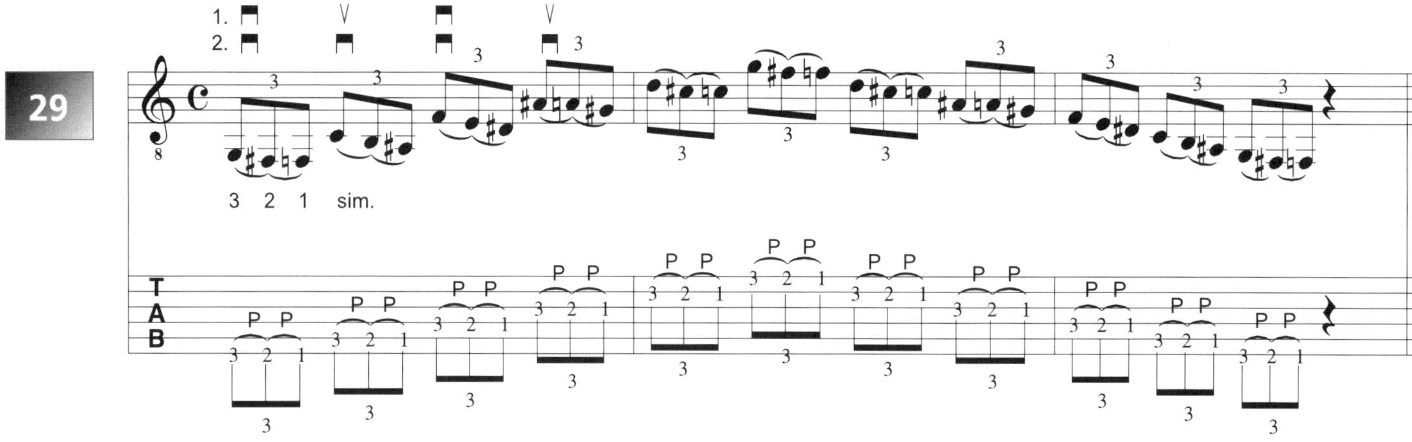

Übung 30 - Dreifache Abzugsbindung über alle 6 Saiten. 2 Anschlagsmuster.

Prinzip der dreifachen Abzugsbindung

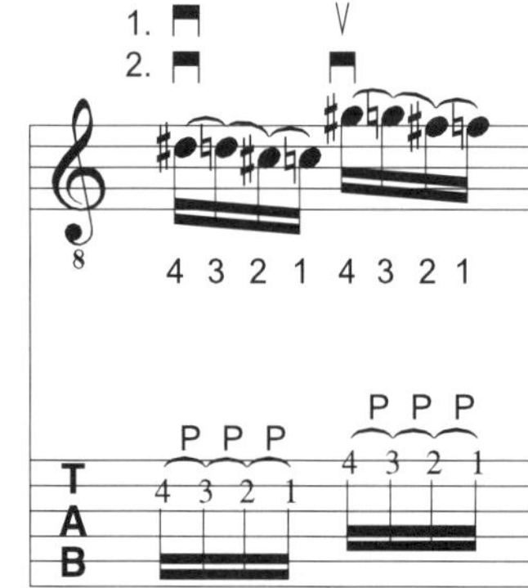

Du kannst **durch leichtes Aufsetzen der 3 Abzugsfinger ohne Plektrum-Anschlag** zuerst die **optimale Stellung in den Bünden ausloten.**

Die **Betonung** bei der Ausführung **der Sechzehntel-Figur liegt auf dem ersten Ton.**

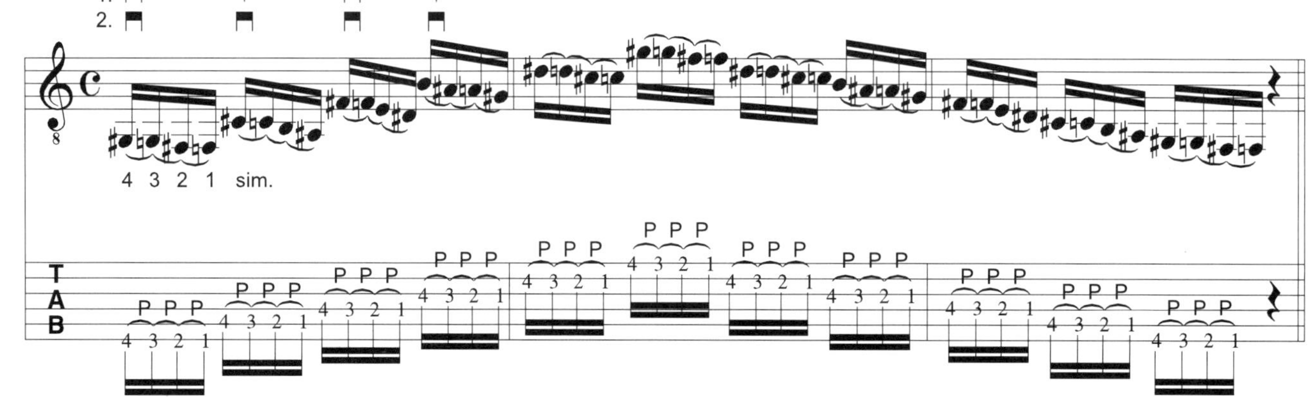

24

Übung 31 - Kombinierte Aufschlags-/Abzugsbindung (1) über alle 6 Saiten. 2 Anschlagsmuster.

Die folgenden **Übungen (31-48)** sind **Kombinations-Übungen**. Übung 31 und 32 beginnen mit jeweils einem kombinierten Aufschlag und Abzug und umgekehrt.

Die Beherrschung der Aufschlags- und Abzugsbindung ist für diese Übungen Voraussetzung (Seite 21-24).

Für die **Übungen 31 und 32** kannst du **auch** den **Ringfinger und** den **kleinen Finger** einsetzen.

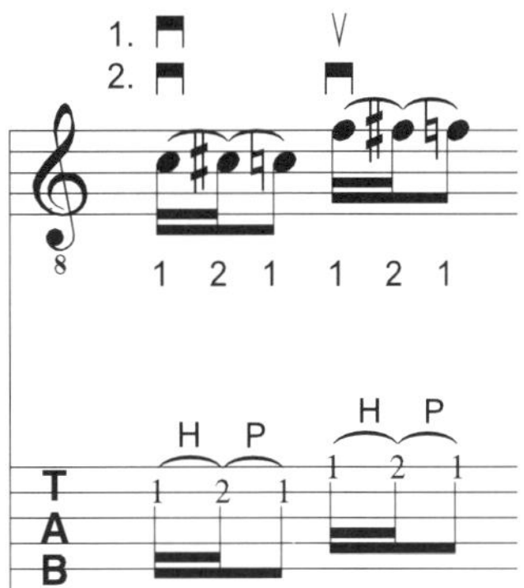

Kombinierte Aufschlags-/Abzugssbindung 1

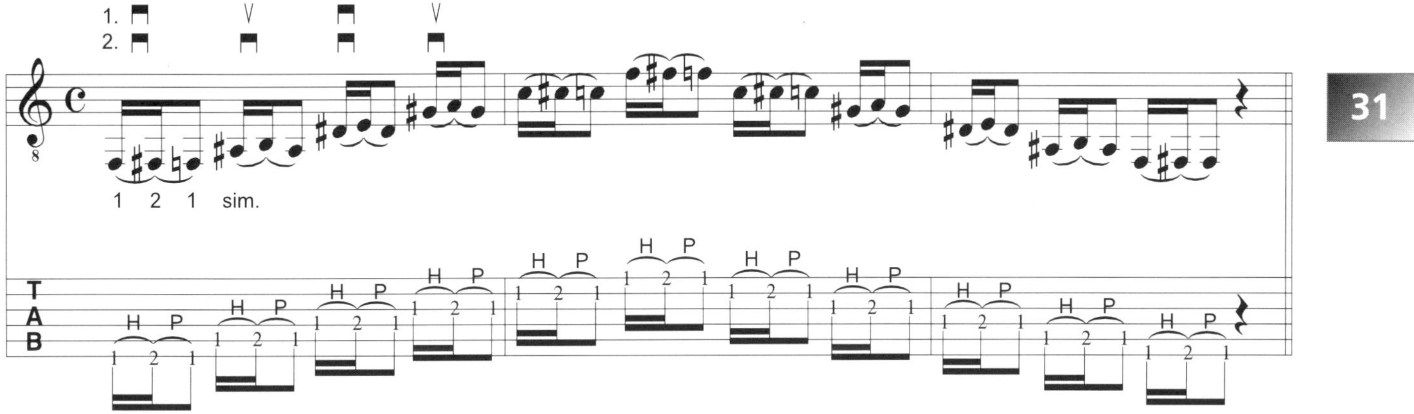

31

Übung 32 - Kombinierte Abzugs-/Aufschlagsbindung (1) über alle 6 Saiten. 2 Anschlagsmuster.

Übung 32 ist die Umkehrung von Übung 31.

Zuerst erfolgt **die Abzugsbindung (Pull-off)** und **dann die Aufschlagsbindung.**

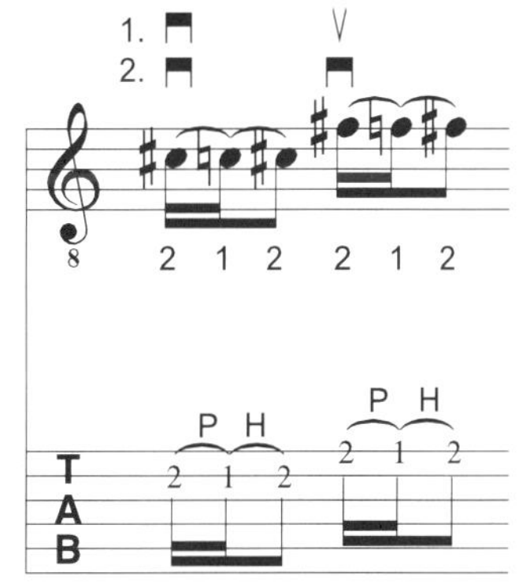

Kombinierte Abzugs-/Aufschlagsbindung 1

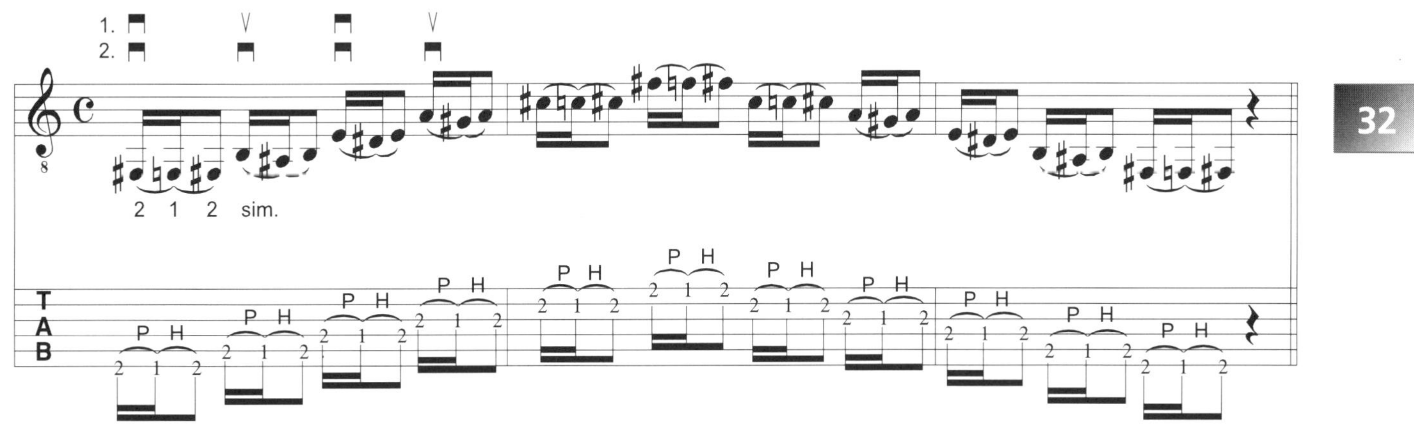

32

Übung 33 - Kombinierte Aufschlags-/Abzugsbindung (2) über alle 6 Saiten. 2 Anschlagsmuster.

Kombinierte Aufschlags-/ Abzugsbindung 2

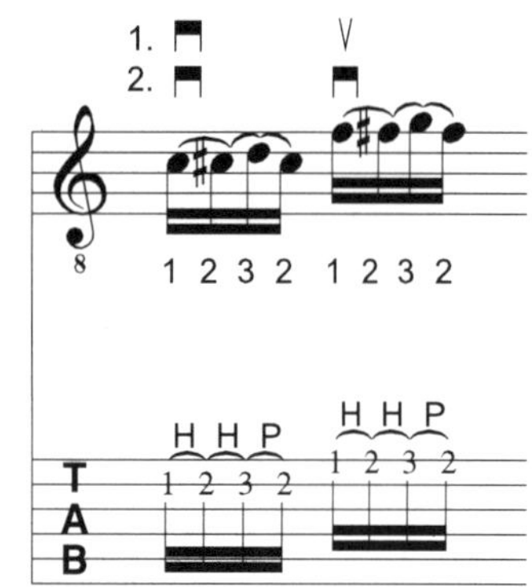

Die **Betonung** für die Sechzehntel-Figur liegt **auf** dem **ersten Ton**. Die **Hauptschwierigkeit** der zweifachen Aufschlagsbindung kombiniert mit einem folgenden Abzug **ist die gleichmäßige Ausführun**g, die du **am besten mit Metronom üben** kannst.

Metronom-Empfehlung: Tempo 60 und pro Schlag eine Sechzehntel spielen.

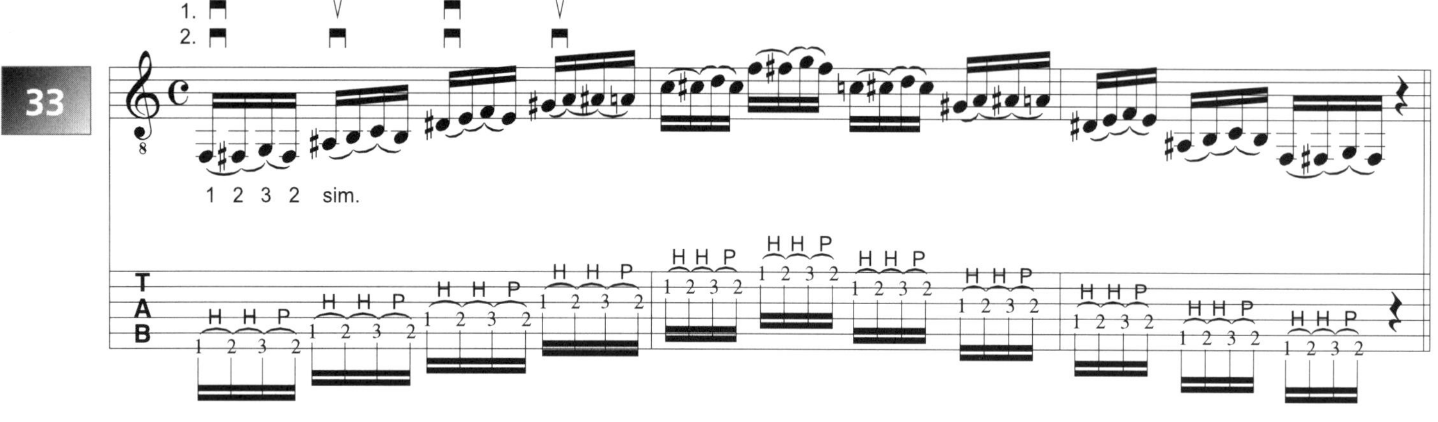

Übung 34 - Kombinierte Abzugs-/Aufschlagsbindung (2) über alle 6 Saiten. 2 Anschlagsmuster.

Kombinierte Abzugs-/ Aufschlagsbindung 2

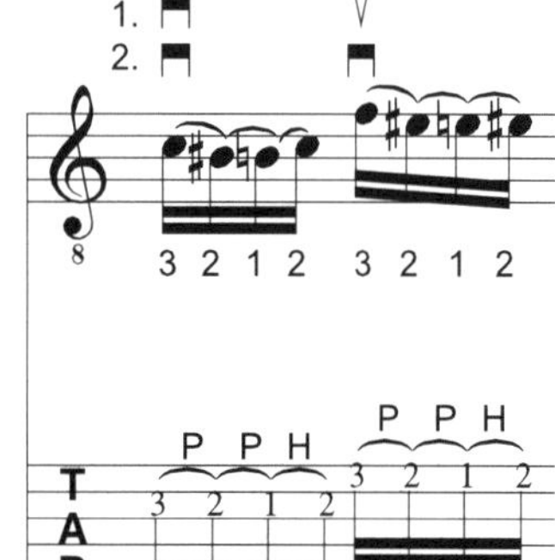

Ebenso wie bei Übung 33 kommt es auf die **gleichmäßige Ausführung** der beiden Abzugsbindungen kombiniert mit einem Aufschlag an.

Metronom-Empfehlung: Tempo 60 und pro Schlag eine Sechzehntel spielen.

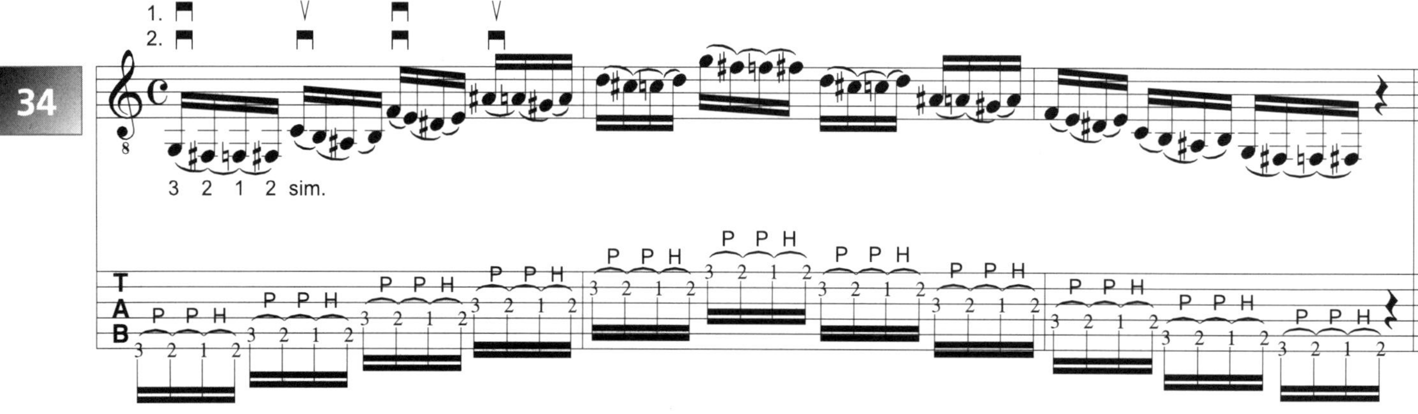

BoE 7081

Übung 35 - Aufschlagsbindungen (Hammer-on) über alle 6 Saiten. Spiel-Variante 2 (siehe Seite 10).

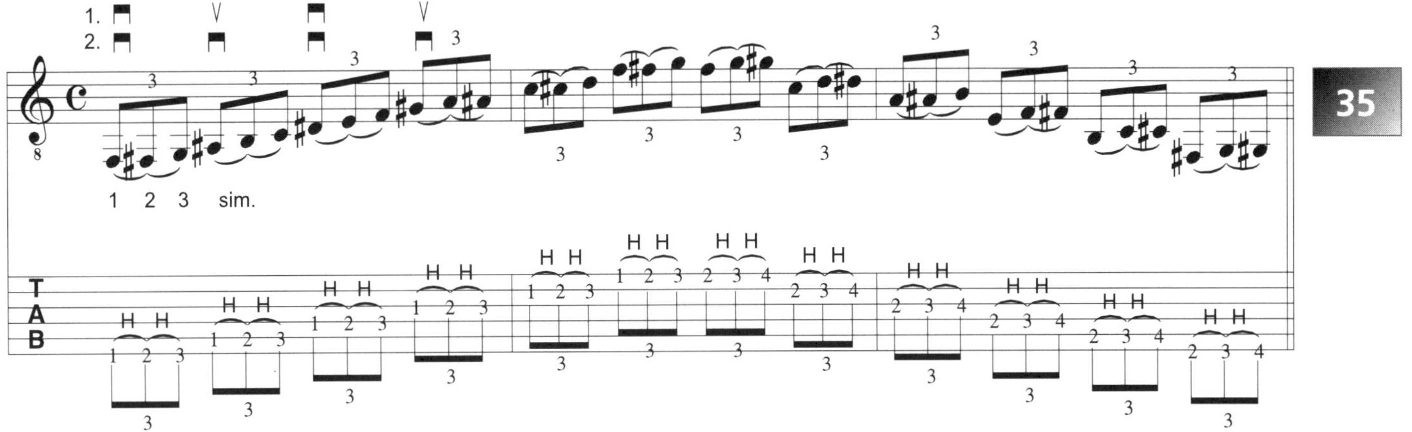

Übung 36 - Aufschlagsbindungen (Hammer-on) über alle 6 Saiten. Fingersatz 1-2-4. Spiel-Variante 2.

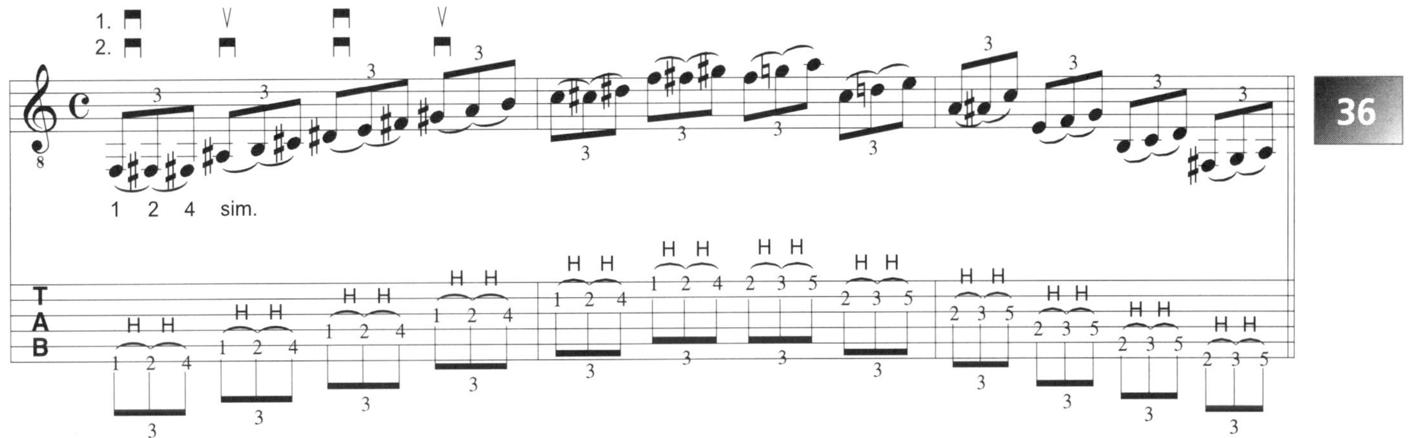

Übung 37 - Aufschlagsbindungen (Hammer-on) über alle 6 Saiten. Fingersatz 1-3-4. Spiel-Variante 2.

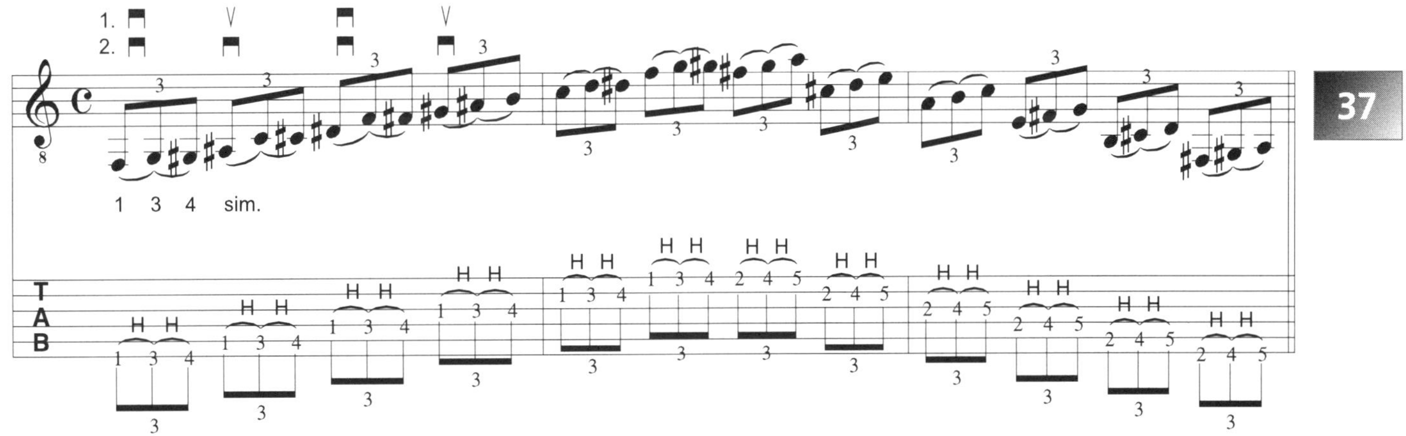

- Zuerst den vorgegebenen Fingersatz testen. Bei Schwierigkeiten die Figur auf jeder Saite einzeln einüben.

- Beide Anschlagsmuster üben.

- Anfangs nur über vorher festgelegte Griffbrett-Abschnitte spielen.

- Erst nach einer gewissen Übungs-Routine das gesamte Griffbrett einbeziehen.

Übungs-Tipps

Übung 38 - Abzugsbindungen (Pull-off) über alle 6 Saiten. Spiel-Variante 2 (siehe Seite 10).

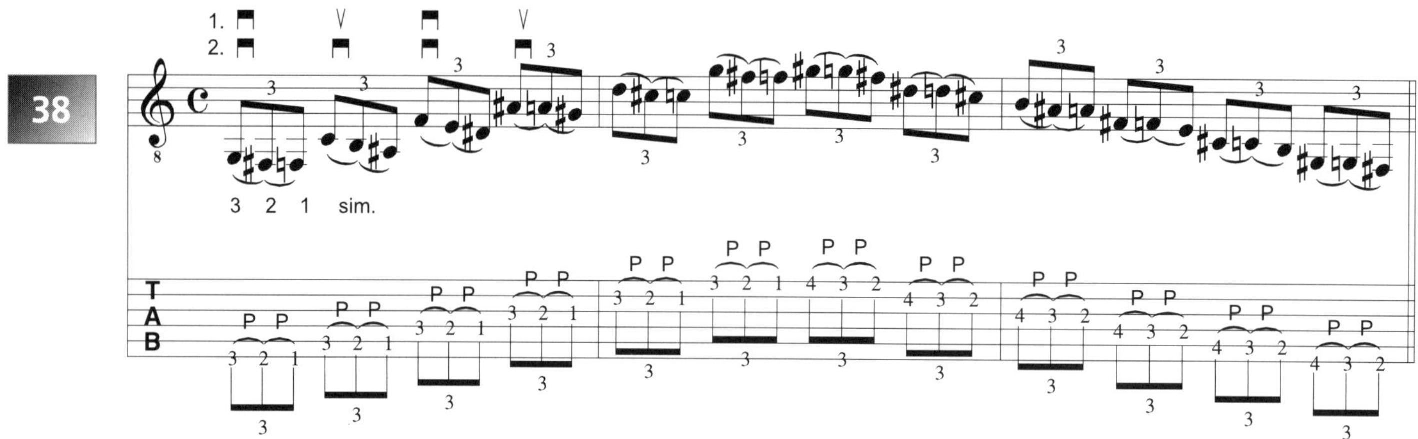

Übung 39 - Abzugsbindungen (Pull-off) über alle 6 Saiten mit Fingersatz 4-2-1. Spiel-Variante 2.

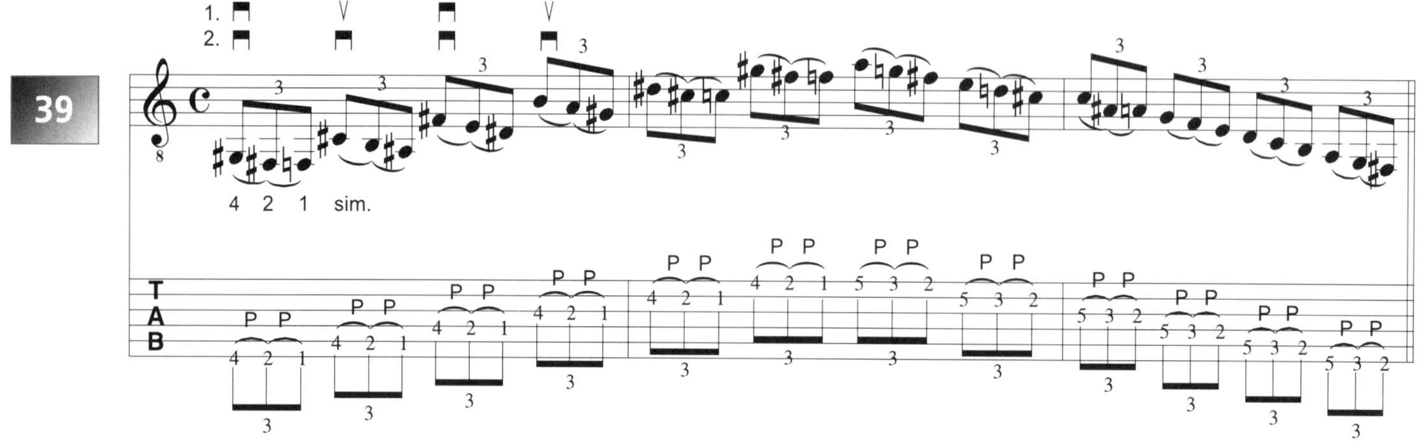

Übung 40 - Abzugsbindungen (Pull-off) über alle 6 Saiten mit Fingersatz 4-3-1. Spiel-Variante 2.

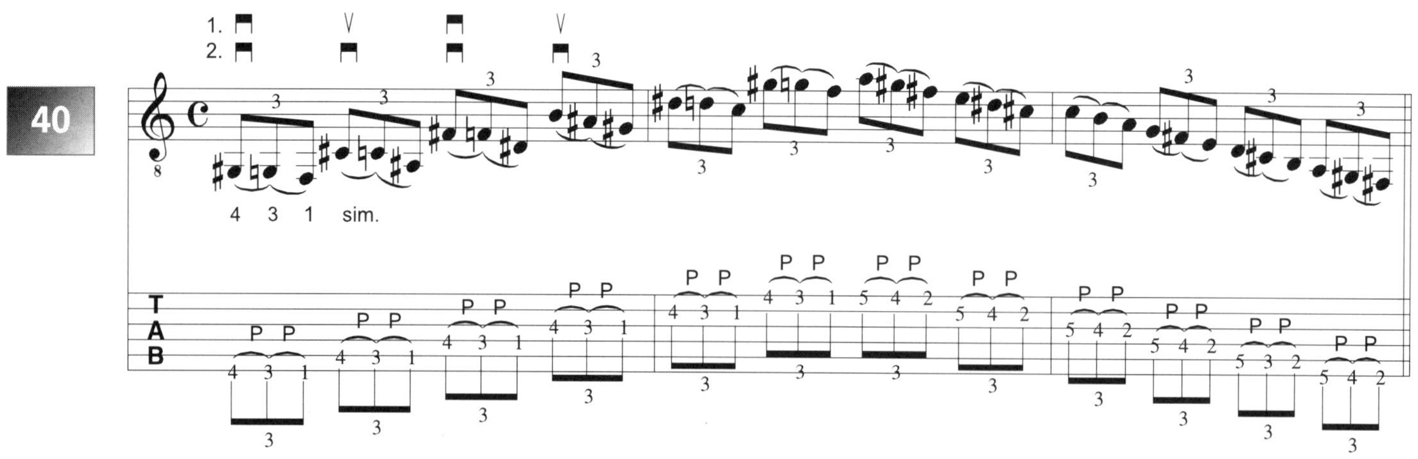

- Zuerst den vorgegebenen Fingersatz testen. Bei Schwierigkeiten die Figur auf jeder Saite einzeln einüben.

- Beide Anschlagsmuster üben.

- Anfangs nur über vorher festgelegte Griffbrett-Abschnitte spielen.

- Erst nach einer gewissen Übungs-Routine das gesamte Griffbrett einbeziehen.

Übungs-Tipps

BoE 7081

**Vorbereitende
Triller-Übungen**

Die Übungen 41-48 sind vorbereitende Übungen für das Triller-Spiel.
In der Vorform bestehen die Figuren nur aus einer Sechzehntelnoten-Gruppe
(4 Sechzehntel). Es gibt viele Arten der Ausführung eines Trillers.
Allen eigen ist, dass der Hauptton umspielt wird. (☞ FIT FOR GUITAR Rock 1).

■ **Die Übungen 41 - 43 beginnen mit einer Aufschlagsbindung.**

■ **Die Übungen 44 - 45 beginnen mit einer Abzugsbindung.**

■ **Die Übungen 47 und 48 trainieren den schnellen Fingerwechsel beim Triller.**

Übung 41- 48 - Vorbereitende Triller-Übungen . 2 Anschlagsmuster.

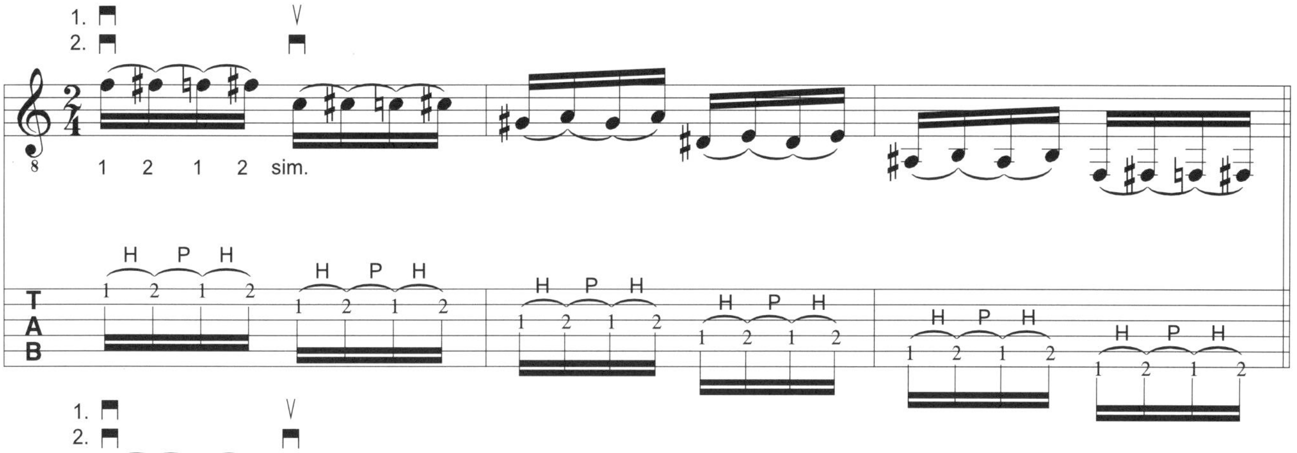

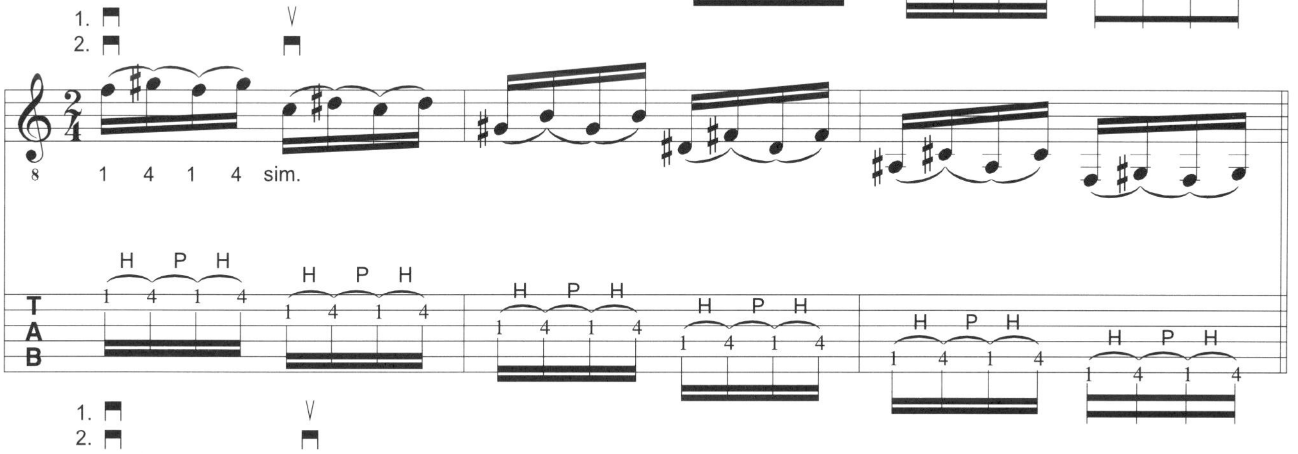

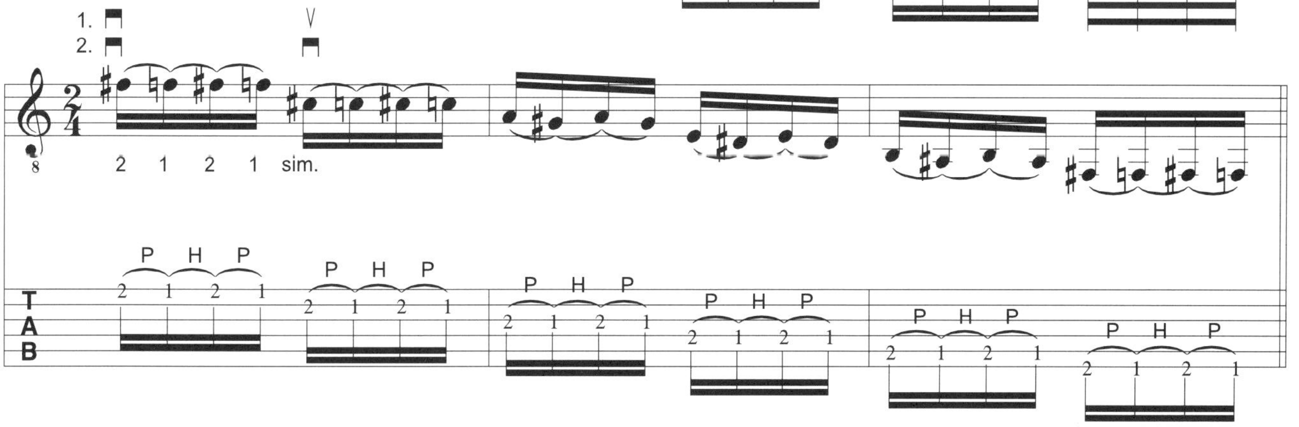

Binde-Übungen 5

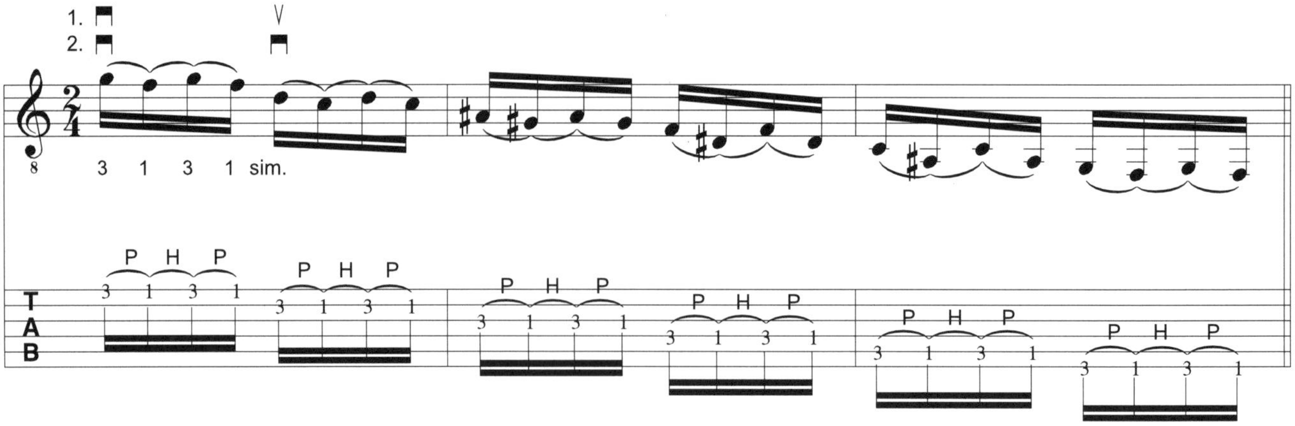

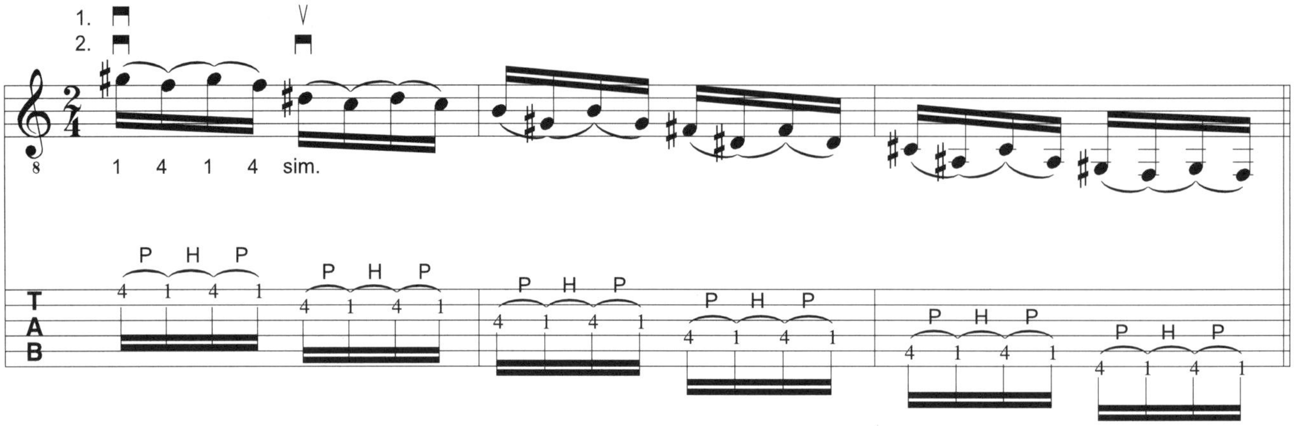

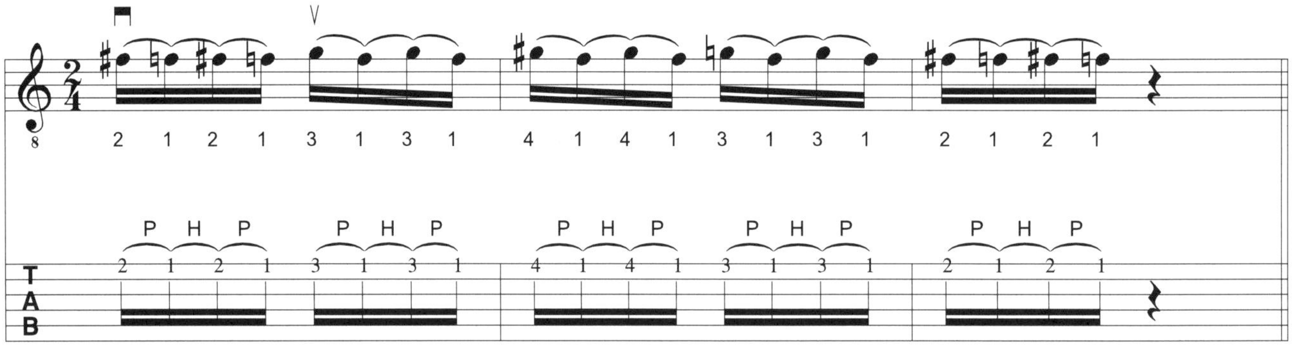

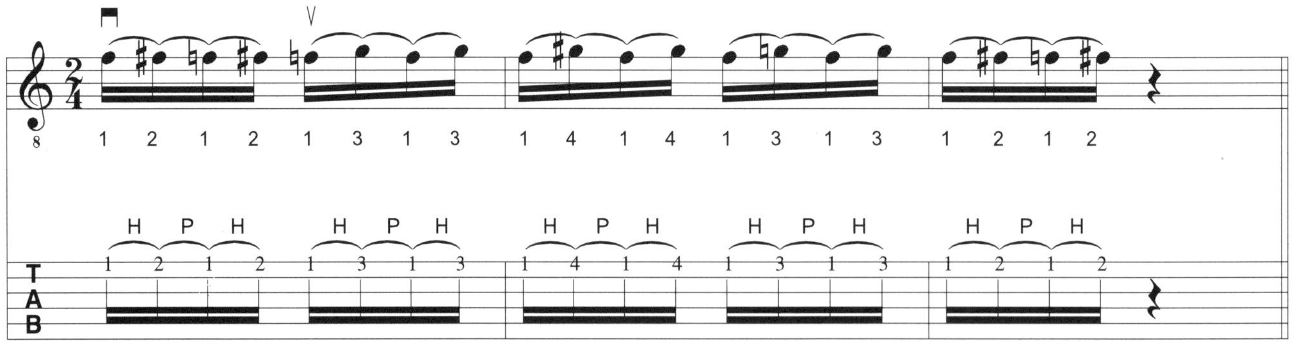

Übungs-Tipps

- ■ Zuerst den vorgegebenen Fingersatz testen. Bei Schwierigkeiten die Figur auf jeder Saite einzeln einüben.

- ■ Beide Anschlagsmuster üben.

- ■ Anfangs nur über vorher festgelegte Griffbrett-Abschnitte spielen.

- ■ Erst nach einer gewissen Übungs-Routine das gesamte Griffbrett einbeziehen.

Symbol	Erklärung
(Abwärtsschlag-Symbol)	Abwärtsschlag mit dem Plektrum
V	Aufwärtsschlag mit dem Plektrum
(Violinschlüssel mit 8)	Die 8 unter dem Violinschlüssel zeigt an, dass die Gitarre eine Oktave tiefer klingt als notiert.
T A B	Abkürzung für Tabulatur. In der Tabulatur werden die 6 Saiten als Linien dargestellt. Die unterste bezeichnet die E-Saite, die oberste die e'-Saite.
(Tabulatur mit 3 und 10)	Eine Zahl auf einer Linie in der Tabulatur zeigt an, in welchem Bund auf welcher Saite ein Ton gespielt wird. Hier: 10. Bund - A-Saite und 3. Bund - h-Saite.
(Noten mit 1 2 3 4)	Fingersatz für die Greifhand: 1 = Zeigefinger, 2 = Mittelfinger, 3 = Ringfinger, 4 = kleiner Finger
sim.	simile (in gleicher Weise)
H	Aufschlagsbindung (engl. Hammer-on)
P	Abzugsbindung (engl. Pull-off)
FR	Finger-Roll
(Pfeil auf/ab) sim.	Das vorgegebene Muster einer Übung wird in gleicher Weise aufwärts und abwärts fortgesetzt.
(Pfeil ab/auf) sim.	Das vorgegebene Muster einer Übung wird in gleicher Weise abwärts und aufwärts fortgesetzt.
(Pfeil aufwärts) sim.	Das vorgegebene Muster einer Übung wird in gleicher Weise aufwärts fortgesetzt.
(Pfeil abwärts) sim.	Das vorgegebene Muster einer Übung wird in gleicher Weise abwärts fortgesetzt.

Begriff	englischer Begriff	Erklärung
Abwärtsschlag	Downstroke	Abwärtsschlag (auch: Abschlag) mit dem Plektrum.
Abzugsbindung	Pull-off	Der erste Ton wird angeschlagen, der zweite wird mit dem Greifhandfinger abgezogen.
Achtelnote	Eighth note	Notenwert: 8 Achtelnoten im 4/4-Takt sind ein Takt.
Anschlagshand	Right/Left hand	Die Hand, die den Plektrum-Anschlag ausführt: Rechtshänder - rechte Hand, Linkshänder - linke Hand.
Aufschlagsbindung	Hammer-on	Der erste Ton wird angeschlagen, der zweite wird mit dem Greifhandfinger aufgeschlagen.
Aufwärtsschlag	Upstroke	Aufwärtsschlag (auch: Aufschlag) mit dem Plektrum.
Bundstäbchen	Fret	Metallstäbchen zur Bundeinteilung des Griffbretts (Standard = 22 Bünde, auch 19, 21, 24).
Finger-Roll	Finger roll technique	Die Nachbarsaite wird durch Abwinkeln des entsprechenden Greifhandfingers gedrückt.
Fingersatz	Fingering	Reihenfolge der Greifhandfinger z.B. 1-2-3-4.
Greifhand	Left/Right hand	Die Hand, die die Töne auf die Saiten drückt: Rechtshänder - linke Hand, Linkshänder - rechte Hand.
Lage	Position	Die Lage bezeichnet den Stand des Greifhandfingers: Zeigefinger im 1. Bund bedeutet I. Lage.
Lagenwechsel	Changing position	Nimmt der Zeigefinger eine neue Position ein, spricht man von Lagenwechsel.
Metronom	Metronome	Taktgeber. Akustische/elektronische Töne geben Schläge von 40-208/Minute vor.
Plektrum (Plektron)	Pick, Plectrum	Plättchen (Metall, Plastik, Holz) zum Anschlagen der Saiten.
Saitensprung	String skipping	Auslassen bzw. Überspringen einer oder mehrerer Saiten beim Plektrum-Spiel.
Sechzehntelnote	Sixteenth note	Notenwert: 4 Sechzehntelnoten sind eine Viertelnote.
Synchronisation	Synchronisation	Abstimmung der Anschlagshand mit den Greifhandfingern.
Tabulatur	Tablature	Notation der Gitarrentöne mit Zahlen auf 6 Linien, die die Saiten symbolisieren: 3 = 3. Bund.
Triller	Trill	Verzierung. Töne werden durch schnelle Abzugs-/Aufschlagsbindungen erzeugt.
Triole	Triad	Ein zweiteiliger Notenwert wird dreifach unterteilt: Eine Achtel-Triole (3 Achtel) hat den gleichen Wert wie 2 Achtel.
Viertelnote	Quarter note	Notenwert. 4 Viertelnoten ergeben im 4/4 einen Takt.
Wechselschlag	Alternate picking	Konsequent abwechselnder (alternierender) Anschlag mit dem Plektrum: Abwärts-/Aufwärtsschlag und umgekehrt im Wechsel.

BoE 7081   12/09 (172251)